Chuck Spezzano
Tiger Woman

Verlag Via Nova

CHUCK
SPEZZANO

TIGER
WOMAN

Starke Frauen in der Partnerschaft

Verlag Via Nova

Übersetzung aus dem Englischen:
Ulrike Kraemer

Originaltitel:
Saving the Tiger
How to Live with a Passionate Woman
Copyright © 2012 by Chuck Spezzano

1. Auflage 2013
Verlag Via Nova, Alte Landstr. 12, 36100 Petersberg
Telefon: (06 61) 6 29 73
Fax: (06 61) 96 79 560
E-Mail: info@verlag-vianova.de
Internet: www.verlag-vianova.de / www.transpersonale.de
Umschlaggestaltung: Guter Punkt, München
Satz: Sebastian Carl, 83123 Amerang
Druck und Verarbeitung: Appel und Klinger, 96277 Schneckenlohe

ISBN 978-3-86616-247-1

Widmung

Dieses Buch ist allen Tigerfrauen gewidmet,
die ich gekannt und geliebt habe –
allen voran meiner Mutter.

Danksagungen

M eine tiefe Wertschätzung und große Dankbarkeit gelten an erster Stelle meiner Frau Lency für ihre wunderbare Unterstützung und für das Licht und die Schönheit, mit denen sie mein Leben erfüllt.

Mein Dank geht außerdem an Eric und Celia, meine wunderbaren Lektoren, die eine klare Sprache in meine Manuskripte hineinbringen.

Von Herzen danken möchte ich auch Sunny, meiner Schreibkraft, der es gelingt, die Krähenfüße meiner kaum leserlichen Handschrift am Computer innerhalb von kürzester Zeit in ein gut lesbares, getipptes Manuskript zu verwandeln.

Mein Dank gilt auch meinen Mitarbeitern im Büro und zu Hause, die für einen reibungslosen Ablauf sorgen und mir damit die Möglichkeit geben, ohne größere Ablenkung an meinen Büchern zu arbeiten. Ich danke euch, Charlie und Harrylne.

Nicht zuletzt danke ich natürlich auch meinen Kindern, Christopher and J'aime, die ihre Ziele und Träume in fernen Städten verwirklichen.

Inhalt

Einführung

Ich habe begonnen, dieses Buch zu schreiben, als ich vor fünf Jahren fünf Wochen in Indien verbracht habe. Es war eines von fünf Büchern, die ich damals am Strand von Kerala begonnen habe, der auf das Arabische Meer hinausgeht. Im Laufe der Jahre erkannte ich immer stärker, wie wichtig dieses Buch ist, denn es kamen immer mehr Schüler und Klienten mit Problemen zu mir, die damit zu tun hatten, dass sie eine Tigerfrau zur Partnerin hatten. Das Persönlichkeitsmerkmal des Tigers findet sich in Männern zwar ebenso häufig wie in Frauen, aber dieses Buch richtet sich in erster Linie an Männer, die sich in einer Liebesbeziehung mit einer Tigerfrau befinden.

Die Fertigstellung eines Buches geht immer mit einem tiefgreifenden Gefühl des Loslassens und der Erleichterung einher, weil ein Teil meines Denkens damit für andere Bücher und für weitergehende Forschungen frei wird. Die Entstehung dieses Buches war ein langer Prozess. Es ist ein gutes Gefühl, es nun mit meinen Lesern zu teilen, obwohl ich immer noch fortlaufend neue Erkenntnisse gewinne. Dennoch bin ich sicher, dass jetzt der richtige Zeitpunkt für seine Fertigstellung gekommen ist.

Das Buch soll unter anderem die Erkenntnisse und Schlüssel liefern, die der Beziehung mit einer Tigerfrau eine reelle Chance geben, zu echter Partnerschaft und beglückender Ko-Kreativität zu gelangen. Allzu oft fühlen Tigerfrauen sich zu Männern hingezogen, die noch unabhängiger sind als sie selbst. Dies führt meist dazu, dass die Tigerfrau in Katzenjammer verfällt, was wirklich jammerschade ist, denn starke Frauen werden noch stärker und kreativer, wenn sie geliebt werden und glücklich sind. Leider sind Tiger eine bedrohte Art, die häufig missverstanden wird – von anderen und von sich selbst.

Wenn du dieses Buch in die Hand genommen hast, dann bist du vielleicht dazu aufgefordert, eine Zufluchtsstätte für Tigerfrauen zu sein. Ich unterscheide in diesem Buch nicht zwischen den Frauen, deren Tigernatur voll ausgebildet ist, und den Frauen, bei denen sie nur teilweise in Erscheinung tritt. Während man hundertprozentige Tigerfrauen fast immer sofort erkennt, sind die Frauen, deren Tigernatur nur zum Teil ausgeprägt ist, sehr oft liebevoll und anschmiegsam und zeigen erst später, in welchem Ausmaß auch sie das Wesen der Tigerfrau in sich tragen.

Das Leben
mit einer starken Frau

Ein Tiger ist ein wundervolles Tier – behände, stark und wild. Auf Schildern im Zoo stünde wahrscheinlich: „Das Reizen des Tigers erfolgt auf eigene Gefahr!" Tiger sind ein Geschenk an die Welt und zugleich eine vom Aussterben bedrohte Art. Eine Tigerfrau ist ebenfalls ein Geschenk, aber auch sie ist bedroht. Ihr wird oft nur wenig Verständnis entgegengebracht, was vor allem darin begründet liegt, dass wir in einer Welt leben, in der das Männliche eine übertrieben starke Rolle einnimmt, während das Weibliche noch nicht vorbehaltlos wertgeschätzt wird, sodass beide Pole noch nicht ins Gleichgewicht gelangt sind. Manchmal geschieht es, dass eine Tigerfrau zur Geschäftsführerin eines Unternehmens – zu einem „Industriekapitän" – wird oder sich in einer Arbeitswelt, die meist den Männern vorbehalten ist, eine eigene Nische erschließen kann. Dass sie falsch verstanden werden könnte, stört sie nicht. Sie herrscht, und sie duldet keine Dummköpfe – weder im Beruf noch zu Hause.

Dieses Buch soll dir die Möglichkeit geben, ein höheres Maß an Verständnis und Wertschätzung für Tigerfrauen zu entwickeln, vor allem dann, wenn du mit einer Tigerfrau liiert oder verheiratet bist. Eine Tigerfrau, die verstanden, geliebt und gefördert wird, kann wunderbare Dinge erschaffen. Sie ist ein „Kraftpaket" und hat das Potenzial zur Visionärin, Meistern oder Mystikerin. Sie kann in der Wirtschaft, in der Politik, im Recht oder in der Armee tätig sein oder einen Lehr-, Heil- oder künstlerischen Beruf ausüben. Sie kann auch einfach „nur" Hausfrau sein, aber wenn sie kein Ventil hat, auf das sie ihre Kraft fokussieren kann, ist sie in der Regel schnell frustriert. Wehe dem Mann, der sich in einer Beziehung mit einer frustrierten Tigerfrau befindet. Eine Tigerfrau braucht die Möglichkeit, sich in irgendeiner Form selbst zum Ausdruck zu bringen, ob im Beruf oder zu Hause. Ihr Geist ist unersättlich, und auch vor einer großen Herausforderung schreckt sie nicht zurück. Eine Tigerfrau läuft dann zur Höchstform auf, wenn sie eine Mission oder eine ständige Herausforderung hat. Weil sie mit Problemen und Krisen gut umgehen kann, ist es von Vorteil, in schlechten Zeiten eine Tigerfrau um sich zu haben. Wenn es hart auf hart kommt, kann sie zeigen, wozu sie wirklich imstande ist. Wenn eine Tigerfrau nichts findet, woran sie sich festbeißen kann, könntest du ihr nächstes Opfer sein, solange du nicht bestimmte Prinzipien kennst, um es zu verhindern.

Eine Tigerfrau kann glücklich, hilfsbereit, verspielt, offen, großmütig und loyal sein. Sie ist eine wunderbare Partnerin, wenn du sie verstehst und auf das einzugehen weißt, was sie durchlebt. Sie verfügt über gute Menschenkenntnis, und ihr Führungsstil fordert Spitzenleistungen sowohl von sich selbst als auch von den Menschen in ihrer Umgebung. Sie hat nur wenig Geduld mit Menschen, die faul, unehrlich, unwissend oder dumm sind. Sie kritisiert schnell und fürchtet sich nicht vor einem guten – oder, falls nötig, auch einem schlechten – Streit. Sie hat nichts dagegen, auch einmal zu schreien, sofern es nicht einer ihrer anderen Wertvorstellungen zuwiderläuft.

Eine Tigerfrau hasst Ungerechtigkeit, und sie ist bekannt dafür, dass sie sich rückhaltlos für eine Sache einsetzt. Sie lässt es dich auch wissen, wenn du in ihr Territorium eingedrungen bist oder sie in irgendeiner Weise gekränkt hast. Und wehe demjenigen, der einen Menschen angreift, der ihr nahesteht. Tigerfrauen sind mächtig und stolz, aber nicht unbedingt in einem negativen Sinn. Sie haben ein ausgeprägtes Gefühl dafür, wie die Dinge sein sollten. Sie haben ein klares Gefühl dafür, was richtig und was falsch ist, und sie erwarten von dir, dass du dich danach richtest. Tust du es nicht, kann es passieren, dass sie dir die Hölle heiß machen. Eine Tigerfrau glaubt, dass die Welt so ist, wie sie sie wahrnimmt, und es macht ihr nichts aus, es dir klar und deutlich zu zeigen, wenn dein Verhalten von ihrem Weltbild abweicht.

Als Partner einer Tigerfrau hast du ihr vermutlich geholfen, den Unterschied zwischen ihrer eigenen Wahrnehmung und der Wahrheit zu erkennen. Wenn du so argumentierst, dass sie es versteht, ist alles in bester Ordnung. Mit Vernunft und Einsicht kommst du bei einer Tigerfrau in jeder Hinsicht sehr weit, denn sie weiß es zu schätzen, wenn man sie etwas Neues lehrt oder ihr neue Dinge zeigt. Es macht sie jedoch wütend, wenn du alles rein rational zu erklären versuchst, und das hat Folgen. Vernunftdenken ist offen und muss sich nicht verteidigen. Es strebt nach der Wahrheit und nach dem bestmöglichen Weg. Rationalisierung ist dissoziiert. Sie versucht, einen anderen Menschen zu belehren, ist zugleich aber unverbunden und herablassend, und es mangelt ihr an der Offenherzigkeit und Aufrichtigkeit, die Vernunft und Einsicht innewohnen.

Was man über Tigerfrauen wissen sollte

Eine weitere wunderbare Eigenschaft von Tigerfrauen besteht darin, dass sie dir gegenüber in der Regel sehr offen sind. Sie nehmen kein Blatt vor den Mund. Sie reden nicht um den heißen Brei herum, und sie wollen, dass du ebenso offen bist. Die Kehrseite ist, dass Tigerfrauen dazu neigen, erst zu schießen und dann zu fragen. Das gilt insbesondere dann, wenn einer von euch beiden bedürftig ist. Lernst du jedoch, effektiv zu kommunizieren, seid ihr schneller im Schlafzimmer, als du dich umsehen kannst.

Wenn du der Partner einer Tigerfrau bist, dann liegt es vermutlich daran, dass du Tigerfrauen liebst. Andere Frauen üben keinen großen Reiz auf dich aus. Wenn deine Mutter oder deine Schwestern ebenfalls Tigerfrauen waren, fühlst du dich ganz natürlich zu Tigerfrauen hingezogen. Sollte es allerdings noch alte Verletzungen oder ungelernte Lektionen geben, die mit ihnen oder mit früheren Beziehungen zu anderen Tigerfrauen zu tun haben, dann tritt der alte Schmerz mit ziemlicher Sicherheit in deiner gegenwärtigen Beziehung wieder zutage. Du solltest dich verpflichten, diese Lektionen zu lernen, weil der Schmerz so lange immer wieder auftritt, bis du sie gelernt hast. Jeder Schmerz bedeutet, dass du eine dunkle Lektion des Egos gelernt hast. Diese Lektion kehrt immer wieder und kann in der jetzigen Beziehung zu deiner Tigerfrau sogar die Form einer Prüfung annehmen. Der Himmel möchte jedoch, dass du die Lektion mühelos lernst. Die Lektionen, vor die der Himmel dich stellt, bestehen alle aus einem Wunder. Bitte in der Situation deshalb um die Lektion des Himmels. Frage dich, wo die Wurzel des gegenwärtigen Ereignisses liegt, wer anwesend war und was geschehen ist. Kehre zu dem Vorfall zurück und bitte für alle daran beteiligten Menschen um die Lektion des Himmels, bis nur der Frieden und die Zusammengehörigkeit bleiben, die zeigen, dass eine Lektion gelernt wurde.

Starke Frauen tragen Größe in sich, auch wenn sie einem ungeschliffenen Diamanten gleichen. Ihre Gefühle gehen tief, und sie sind ihren Überzeugungen verpflichtet. Sie sind leidenschaftlich in allem, was sie sagen und tun. Weil ihre Gefühle von großer Intensität geprägt sind, schätzen sie Menschen, die sie zum Lachen bringen, besonders dann, wenn es ihren Ärger in die richtige Richtung lenkt. Sie lieben alles, was zauberhaft ist, obwohl sie sehr kritisch sind, wenn es darum geht, was sie zauberhaft finden. Was ihr Herz berührt, das bringt sowohl ihre Zärtlichkeit als auch ihre Leidenschaft zum Vorschein.

Es ist offenkundig, dass du starke Frauen liebst, weil du anderenfalls nicht mit einer Tigerfrau zusammen wärest. Schließe alle Lektionen der Vergebung ab, die mit deiner Mutter und früheren Beziehungen zu Tigerfrauen zu tun haben. Tust du es nicht, wirst du in deiner jetzigen Beziehung erneut damit konfrontiert. Nutze die Macht deines Geistes, um Mühelosigkeit und Frieden zu manifestieren. Sieh sie vor dir. Fühle sie. Empfinde sie. Höre das, was du dir in deiner Beziehung wünschst. Wiederhole diese kleine Übung jeden Abend vor dem Schlafengehen und jeden Morgen nach dem Aufwachen. Manifestiere alles, was du dir in deiner Beziehung wünschst. Erhebe Anspruch darauf als dein Eigentum. Manifestieren und Anspruch erheben sind zwei weitere Werkzeuge, die dir helfen können, eine wunderbare Beziehung zu führen.

Problematische Tigerfrauen

Eine Tigerfrau kann sehr selbstzentriert sein. Meist muss sie das auch, um das zu verwirklichen, was sie sich in diesem Leben zum Ziel gesetzt hat. Dennoch weiß sie Hilfe sehr zu schätzen – sie rechnet nur ganz einfach nicht damit. Wenn du dich partnerschaftlich mit ihr verbindest, hilfst du ihr dabei, ihrerseits eine wunderbare Partnerin zu sein.

Problematische Tigerfrauen sind Tigerfrauen, die noch nicht zu voller Reife und Partnerschaft gelangt sind. Sie können selbstgerecht und voreingenommen sein. Damit wollen sie die Bereiche verbergen, in denen sie glauben, im Unrecht zu sein, und sich deshalb schuldig fühlen. Sie können nicht nur für die Situation, sondern auch für ihren eigenen Prozess und ihr Verhalten blind sein, und das hat zur Folge, dass sie manchmal Amok laufen. Sie neigen dazu, die Welt durch ihre Emotionen zu sehen. Je reifer sie sind, umso tiefempfundener sind ihre Gefühle, umso größer ist ihre Leidenschaft und umso mehr nehmen sie ihre Emotionen an. Wenn sie noch keine emotionale Reife erlangt haben, glauben sie dagegen, ihre Gefühle in Bezug auf die Welt entsprächen der Realität. Sie können verschlossen und unnachgiebig sein, aber mit zunehmender Reife erlangen sie große Klarheit, was zur Folge hat, dass sie den bestmöglichen Weg finden, um ein Ziel souverän zu verwirklichen. Unreife Tigerfrauen können einen zerstörerischen Wesenszug an den Tag legen, aber mit zunehmender Reife wird diese Energie in Kreativität verwandelt. Unreife Tigerfrauen können tyrannisch sein, aber mit zunehmender Reife erlangen sie Mut.

Bei meiner Arbeit mit Paaren habe ich herausgefunden, dass ein Thema in einer Beziehung bei beiden Partnern stets in gleichem Maße vorhanden ist, auch wenn ein Partner das Problem möglicherweise für beide ausagiert. Wenn du also immer daran denkst, dass das Verhalten deiner Partnerin deine eigene Wahl, ein Spiegel deines eigenen Bewusstseins und vor allem der Dinge ist, die du vor dir selbst verborgen hast, dann bist du vielleicht bereit, dich ihr und deiner Heilung zu verpflichten, die euch beide voranbringt.

Man könnte dieses Prinzip so beschreiben, dass du dich darüber ärgerst, wenn deine Tigerfrau nicht das tut, was du von ihr erwartest. Auf einer tieferen Ebene hat sie sich jedoch genau an das Drehbuch gehalten, das du ihr zugedacht hattest. Dadurch, dass du sie dazu gebracht hast, auf eine Weise zu handeln, die du vorgeblich nicht wolltest, hattest du die Möglichkeit, wütend zu werden, dich zurückzuziehen, anzugreifen, unabhängig zu werden, ihr die Sache vorzuwerfen und deine eigene Schuld zu verbergen, indem du ihr die Schuld daran gegeben hast. Du konntest ein höheres Maß an Kontrolle über sie ausüben, fühltest dich ihr überlegen, brauchtest dich nicht zu ändern und den nächsten Schritt nicht zu gehen. Das geschieht natürlich in allen Partnerschaften, aber möglicherweise ist es einfacher, eine Tigerfrau zum Sündenbock zu machen und die Beziehung zu beenden, weil sie, wenn sie provoziert wird, äußerst impulsiv und unberechenbar sein kann.

Tigerfrauen sind manchmal so sehr aus ihrer Mitte geraten, dass sie andere Menschen terrorisieren und deshalb ausgegrenzt und ausgeschlossen werden. Eine Tigerfrau kann ihr volles Potenzial nur dann entfalten, wenn sie sich ihrer emotionalen Integrität verpflichtet hat und wirklich wissen will, wo sie aus ihrer Mitte geraten ist. Alternativ kannst du dieses Thema bei dir selbst heilen und den Gewinn daraus mit ihr teilen.

Wenn ihr euch nahe seid, kannst du liebevoll mit deiner Tigerfrau sprechen und ihr helfen, Kurskorrekturen vorzunehmen, die mehr Effektivität und Erfolg versprechen. Wenn du die Wahrheit voller Liebe aussprichst, bereitest du einen Weg, dem sie allmählich vertrauen kann. Die meisten Tigerfrauen sind sehr stark vom Konkurrenzdenken geprägt, aber Konkurrenz ist ein wesentliches Element des Egos und hat Auseinandersetzungen, Distanz, Leblosigkeit und den Wunsch, immer zu gewinnen, zur Folge. Konkurrenz ist im Teufelskreis von Überlegenheit und Unterlegenheit gefangen. Auf eine Partnerschaft übt dieser Teufelskreis eine äußerst zerstörerische Wirkung aus, denn wenn wir konkurrieren, dann benutzen wir unseren Partner, um unsere eigene Überlegenheit zu beweisen. Konkurrenz ist das Gegenteil von Ebenbürtigkeit, einem der Prinzipien, die einer erfolgreichen Beziehung zugrunde liegen.

Dadurch, dass du dich in der Beziehung zu deiner Tigerfrau immer wieder sowohl deiner als auch ihrer Ganzheit verpflichtest, gelangt ihr beide in immer stärkerem Maße zur Ebenbürtigkeit voran. Wo Ebenbürtigkeit herrscht, besteht keine Notwendigkeit, euch zu streiten, denn dieses Bedürfnis entsteht nur dann, wenn ein Partner sich dem anderen entweder unter- oder überlegen fühlt. Lasse dich von Vergebung und Zärtlichkeit leiten, wenn du dich einer Beziehung der Ganzheit verpflichtest, denn das bringt Glück.

Leidenschaft

Tigerfrauen hegen starke und tiefe Gefühle. Introvertierte Tigerfrauen sind oft künstlerisch tätig. Fast alle Tigerfrauen sind jedoch extrovertierte Menschen, die sich vorgenommen haben, eine Veränderung in der Welt zu bewirken. Ihre Gefühle sind so tief, dass sie nicht immer in der Lage sind, sie zu kontrollieren. Sie sind feurig, heißblütig und schnell entflammt. Manchmal werden Tigerfrauen von der Tiefe ihrer eigenen Gefühle regelrecht überwältigt und geraten in Zorn, um auf diese Weise nicht nur andere Menschen zu kontrollieren, sondern auch sich selbst. Tigerfrauen fürchten sich vor einem Zusammenbruch und versuchen auf vielerlei Weise, sich gegen ihre tiefen Gefühle abzuschotten. Wenn sie diese Gefühle allerdings dissoziieren, können sie sich in Grausamkeit verwandeln. Eine Tigerfrau, der ich begegnet bin, gab schließlich sogar ihre Karriere als Sängerin auf, weil sie das, was sie sang, so tief mitempfand, dass sie bei jedem Auftritt in Tränen ausbrach.

Die Liebe, die eine Tigerfrau empfindet, ist so tief, dass sie davon manchmal regelrecht mitgerissen wird. Unabhängige Tigerfrauen sind in dieser Hinsicht die einzige Ausnahme, denn alle unabhängigen Menschen sind in so starkem Maße dissoziiert, dass sie anderen Menschen großen Kummer und Schmerz zufügen. Sie sind sich ihrer eigenen Gefühle nicht bewusst und daher blind für das Chaos der Gefühle, das sie bei anderen Menschen anrichten. Wenn eine Tigerfrau im Streit liegt, ist sie oft blind für die Gefühle der Menschen, die sie angreift. Wenn eine Tigerfrau egoistisch und fordernd geworden ist, kann sie allen Menschen in ihrer Umgebung das Leben schwer machen.

Tigerfrauen sind ausgesprochen loyal. Wenn sie sich jedoch auf einen Mann eingelassen haben, der noch unabhängiger ist als sie selbst, wird diese Loyalität nicht immer erwidert. Tigerfrauen sind gute Freundinnen und ganz wunderbare Liebhaberinnen. Das gilt vor allem dann, wenn du mutig genug bist, eine echte Verbindung mit einer Tigerfrau einzugehen. Weil die Gefühle einer Tigerfrau so tief sind, dass sie meist auf die tiefsten Ebenen des Unbewussten hinabreichen, kann sie sehr eifersüchtig sein und wegen vermeintlicher oder tatsächlicher Flirts und Affären wild und erbittert sowohl für ihren Mann kämpfen als auch mit ihm streiten.

Erfolg in der Beziehung
zu einer Tigerfrau

W enn du sowohl Selbstvertrauen als auch Wagemut besitzt, kannst du die Beziehung zu einer Tigerfrau erfolgreich gestalten. Tigerfrauen müssen Männer finden, die stark und sicher in sich selbst ruhen, emotional intelligent sind, über sexuelle Integrität verfügen und ein ausreichendes Maß an „innerem Feuer" und Zentriertheit besitzen, um mit einem derart „gefährlichen Weib" zu leben. Wenn deine Mutter eine Tigerfrau war und du über die „Bisswunden" deiner Kindheit hinweggekommen bist, ist es gut möglich, dass dich als Lebenspartnerin nur eine Tigerfrau zufriedenstellen kann. Außerdem ist es vermutlich auch ein Teil deiner Berufung.

In dem Maße, in dem du deine Gefühle der Unzulänglichkeit heilst, heilst du auch deine Angst. Wenn du deine Gefühle der Unzulänglichkeit und deine Angst nicht heilst, bleibst du schwach und bedürftig, und deine Beziehung – besonders die Beziehung zu einer Tigerfrau – kann einfach nicht funktionieren. Manifestiere Selbstvertrauen und Erfolg in deiner Beziehung und verpflichte dich ihnen. Mache dir bewusst, dass bei einer Auseinandersetzung beide Parteien – also nicht nur du selbst, sondern auch derjenige, mit dem du streitest – Gefühle der Angst und der Schwäche empfinden. Sie können von Angst vor Nähe, Erfolg oder sogar einem Zusammenbruch herrühren, weil deine Gefühle der Liebe oder der Leidenschaft so stark sind, dass sie dich vollkommen zu überwältigen drohen. Verpflichte dich regelmäßig und bei jeder Auseinandersetzung dem nächsten Schritt. Es gibt kein Problem mit deiner Tigerfrau, das nicht mit euer beider Angst vor Veränderung und davor, den nächsten Schritt zu gehen, zu tun hat. Gib deine Unabhängigkeit und Rebellion auf, damit du darum bitten kannst, die Führung, die Gaben und die Liebe des Himmels für deine Beziehung zu empfangen. Der Himmel unterstützt dich und ist deine Stärke, und wenn dem so ist, wo ist dann das Problem? Wie könnte irgendetwas ein Problem sein, wenn du auf den Himmel vertraust! Gott geht jeden Schritt des Weges an deiner Seite. Er hat keinen anderen Wunsch als den, seine Kinder glücklich zu sehen, damit sie von neuem für ihr wahres Zuhause erwachen.

Partnerschaft

Die Liebe eines selbstbewussten Mannes rettet eine Tigerfrau. Die Hingabe eines mutigen Mannes macht den Angriff einer Drachenfrau stumpf und gibt ihr ihre wahre Tigernatur zurück. Die wahre Liebe eines Partners kann eine Tyrannin erlösen und ihr helfen, sich an das heilige Versprechen zu erinnern, das sie dem Leben gegeben hat. Die Liebe einer Tigerfrau zieht die Liebe eines selbstsicheren Mannes an. Die Hingabe einer Tigerfrau zeigt ihren Mut, den Menschen in ihrer Umgebung kontinuierliche Wertschätzung entgegenzubringen. Die wahre Liebe einer Tigerfrau lässt sie ihre Lebensaufgabe erfüllen und lädt wahre Liebe in ihre Beziehung ein. Nur dann erlaubt sie sich, so hell zu brennen, so glühend zu lieben und so leidenschaftlich kreativ zu sein. Wir alle brauchen Liebe, um der sein zu können, der wir in diesem Leben sein wollten, aber für Tigerfrauen ist Liebe von entscheidender Bedeutung, damit sie ihren Weg finden. Wenn du ein Mann bist, der seine Wut besiegt, seinen Ärger geheilt und seinen Mut geschliffen hat, dann wirst du von der Leidenschaft einer Tigerfrau angezogen, und ihr Angriff kann dir keinen Schaden zufügen. Dein eigener Frieden lässt dich geduldig sein, und dein Verständnis bringt das Licht. Wo du selbst die dunkle Flamme des Angriffs noch in dir trägst, wirst du jedoch verletzt, was zur Folge hat, dass du dich entweder zurückziehst oder deinerseits angreifst. Damit erleidet dein Ziel, deine Tigerfrau zu retten, einen Rückschlag. Dein heiliges Versprechen besteht darin, dass du ihr helfen wolltest, sie selbst zu werden und den unermesslich großen Beitrag an das Leben zu leisten, den zu leisten sie versprochen hat. Wenn du es nicht tust, dann bekommst du Angst vor der Nähe, die der nächste Schritt mit sich bringt, vor der Macht des Erfolges und vor der Leidenschaft, die eure Sexualität kennzeichnet. Deine Tigerfrau braucht dich im gleichen Maße, in dem du sie brauchst, um deine Lebensaufgabe zu erfüllen. Dies gilt sowohl für jeden von euch als auch für euch beide als Paar.

Lasse nicht zu, dass deine Tigerfrau dich missbraucht, und gib die Hoffnung nicht auf. Das, was zwischen euch hochkommt, zeigt dir ein altes Muster auf. Es ist einfach etwas, das der Heilung bedarf. Wenn du dir Ganzheit zum Ziel gesetzt und deine Beziehung dem Himmel übergeben hast, damit er die Heilung bewirkt, dann ist es sehr viel einfacher, alle Dinge, die hochkommen, dazu zu nutzen, dich mit deiner Partnerin zu verbinden, statt in Trennung, deine eigene Besonderheit und unwahre Unabhängigkeit zu investieren. Du bist die größte Hoffnung deiner Tigerfrau, wenn es um Liebe, Hingabe und Erlösung geht. Das Ego will dich meist dazu bringen, dass du aufgibst, und seine Angriffe werden dann am bösartigsten, wenn eure Beziehung höhere Stadien erreicht. Wenn du dir dessen bewusst bist, dann erkennst du, dass das Ego nicht angreift, weil du in der Beziehung versagst, sondern weil du erfolgreich bist und dich einem weiteren wichtigen Durchbruch näherst.

Es muss einen leichteren Weg geben. Entscheide dich dafür und mache diese Überzeugung zu deinem Mantra, während du auf deine Tigerfrau zugehst, statt dich von ihr zu entfernen. Deine unverbrüchliche Verbundenheit ist ihr Anker, und deine Bereitschaft zur Vergebung ist ihre Hoffnung. Deine dauerhafte Liebe ist ihr Licht in der Dunkelheit.

Es gibt nur eine Richtung, die eine Beziehung erfolgreich sein lässt, und sie führt auf deinen Partner zu. Du kannst einen Ort des inneren Friedens und der Zentriertheit erreichen, an dem du nicht länger nehmen, sondern geben willst. Hier kannst du nicht verletzt, kannst durch nichts aufgehalten werden. Du wirst unwiderstehlich. Manche Menschen erlangen diese Unwiderstehlichkeit, indem sie noch unabhängiger werden als ihr Partner, aber das ist eine Leugnung ihrer Bedürfnisse. Es grenzt die Beziehung ein und lässt weder vollen Fluss noch Nähe zu. Du spürst die Anziehungskraft vielleicht, aber wenn du unabhängig bist, hast du nicht den Mut, dich rückhaltlos zu verpflichten oder hinzugeben. Du bist nicht über deine alten Verletzungen hinausgelangt, sondern hast sie bloß dissoziiert. Wenn die Liebe zu deiner Tigerfrau tief genug ist, wirst du in so hohem Maße aufrichtig und harmlos, dass du nicht verletzt werden kannst. Das bedeutet nicht, dass du schlechtes Benehmen oder Missbrauch hinnehmen sollst. Du kannst offen mit deiner Tigerfrau reden, wenn sie vom Kurs abgekommen ist. Dabei solltest du aber aufrichtig und sanft vorgehen und ihr möglichst nahe bleiben, während du ihr deine Botschaft überbringst. Das reduziert negative Gefühle auf ein Minimum und erhöht zugleich die Chance, dass du gehört wirst. Im Laufe der Zeit fängt sie an, deinen Beobachtungen zu vertrauen und sich an deiner Ausgeglichenheit zu messen. Sie benutzt dich als Kompass, um ihren Kurs zu korrigieren, und du bist erfüllt von dem, was du gibst.

Ist die Liebe zu deiner Tigerfrau groß genug, um auf Dauer mit ihr in einer Beziehung zu leben? Ist deine Liebe zu ihr groß genug, um sie der Welt zu geben, damit sie ihre Mission erfüllen kann? Es ist die Mission, zu der sie aufgerufen ist, die Mission, die allein eine Tigerfrau erfüllen kann, die Mission, *die allein deine Tigerfrau erfüllen kann*, die Mission, bei der du aufgefordert bist, deine Tigerfrau zu unterstützen, damit sie sie erfüllen kann. Denn es besteht die Gefahr, dass sie ihre Mission nicht erfüllt, wenn nicht jemand ihr hinreichend zugetan ist, um sie darin zu unterstützen, damit sie erfolgreich sein kann. Die Frage lautet also: „Bist du dieser Mann?"

Ein Teil deiner Aufgabe besteht natürlich darin, deine Tigerfrau zu verstehen und zu lieben, sie daran zu hindern, wenn sie sich selbst oder andere Menschen angreifen will, ihrem Bedürfnis, mit sich selbst hart ins Gericht zu gehen, Einhalt zu gebieten und ihr zu helfen, Angriff und Aggression zu bündeln und in wahre Macht, Leidenschaft und Kreativität zu verwandeln. Das gibt ihr die Möglichkeit, ihr so wichtiges, heiliges Versprechen einzulösen.

Wenn du dich vor deiner eigenen Macht nicht fürchtest, dann fürchtest du dich auch nicht vor der Macht deiner Tigerfrau, und das allein reicht aus, um jede unangebrachte Aggression zu heilen. Gemeinsam gelangt ihr über alle Formen der Angst und der Schwäche hinaus, zu denen Beherrschung, Kontrolle und die Opferhaltung gehören. Wenn du dich vor deiner eigenen Freiheit nicht fürchtest, trägst du dazu bei, deine Tigerfrau zu befreien. Ihr seid hier, um große Dinge zu vollbringen, und zwar sowohl jeder für sich als auch gemeinsam als Paar. Das ist der Grund, aus dem ihr hier seid. Es ist auch der Grund, aus dem ihr zueinander gefunden habt. Ihr tragt es in euch, diese Dinge zu erreichen. Es ist der Wille des

Himmels für euch und auch euer eigener wahrer Wille. Es liegt in eurer Macht und in der Macht des Himmels, diese Dinge mühelos und aus der Gnade heraus zu vollbringen.

Die Welt braucht dich und sie, aber sie braucht jemanden, dessen Liebe zu ihr groß genug ist, um ihren Zorn in Stärke und Kreativität zu verwandeln und ihre Leidenschaft zu bündeln. Wenn du ihr Anker bist, dann gibst du ihr die Freiheit, sie selbst zu sein und ihren Beitrag zur Rettung der Welt zu leisten.

Der Weg der Heilung
und seine Prinzipien

Um deine Tigerfrau retten zu können, ist es wichtig, dass du einen Weg der Heilung einschlägst, dessen Ziel darin besteht, die Ganzheit zu erlangen, die ein noch höheres Maß an Glück ermöglicht. Wenn ihr beide auf diesem Weg seid, könnt ihr die Entwicklung eurer Beziehung schneller vorantreiben. Transformation in deiner Beziehung ist aber auch möglich, wenn du allein dich ihr verpflichtest. In dem Maße, in dem ihr beide größere Reife erlangt, tut es auch eure Beziehung. Es ist wichtig, dass du einige grundlegende Prinzipien der Heilung kennst, die dir helfen, dich auf das Ziel stetig wachsender Ganzheit und immer größeren Glücks in deiner Beziehung auszurichten.

1. Aller Schmerz rührt aus der Vergangenheit her, und Probleme sind alte, nicht abgeschlossene Geschichten, die du aus der Vergangenheit in die Gegenwart übertragen hast.
2. Alle Gefühle und Erfahrungen, die nicht von Glück und Liebe geprägt sind, sind Fehler, die einer Berichtigung bedürfen. Im Grunde sind sie ein Hilferuf. Es ist arrogant, andere Menschen korrigieren zu wollen, denn etwas wahrzunehmen, das der Berichtigung bedarf, heißt, dass du selbst der Berichtigung bedarfst. Wenn du darum bittest, korrigiert der Himmel deine Wahrnehmung und befreit euch beide.
3. Du bist nicht hier, um die Probleme deiner Tigerfrau zu lösen, sondern um sie zu lieben, unwiderstehlich für sie zu sein, ihr bester Freund zu sein und mit ihr zu reden. Du bist hier, um zu erfahren, wer sie ist, und an sie zu glauben, vor allem dort, wo sie nicht an sich selbst glaubt. Du bist hier, um deine eigene Heilung voranzubringen und sie auf deine Tigerfrau auszudehnen.

4. Deine Tigerfrau ist dein Spiegel. Sie spiegelt die unterbewussten und unbewussten Überzeugungen wider, die du von dir selbst hast. In dem Maße, in dem du ihr hilfst, hilfst du nicht nur dir selbst, sondern auch der Welt.

5. Wenn du nicht auf deine Tigerfrau zugehst, dann hast du die falsche Richtung eingeschlagen. Dich von Herz zu Herz und von Geist zu Geist mit deiner Tigerfrau zu verbinden, heißt, ein Fundament der Liebe in eurer Beziehung zu errichten.

6. Deine Tigerfrau ändert sich in dem Maße, in dem du dich änderst, es sei denn, du hast ein eigennütziges Interesse daran, dass sie stecken bleibt, damit du eine Ausrede hast, um ein heimliches Ziel verfolgen oder heimlich schwelgen zu können.

7. Jede Versuchung, die von außerhalb deiner Beziehung herrührt, zeigt dir, welche Eigenschaft deine Tigerfrau gerade entwickelt. Wenn du es schaffst, die Kontakte außerhalb deiner Beziehung zwar zu genießen, gleichzeitig jedoch deine körperliche und mentale Integrität bewahrst, entwickelt deine Tigerfrau genau die Eigenschaft, die dich außerhalb deiner Beziehung in Versuchung geführt hat. Eine Versuchung ist die letzte, verzweifelte Anstrengung, die dein Ego unternimmt, um eine neue Entwicklung bei deiner Tigerfrau und neues Wachstum in eurer Beziehung zu verhindern.

8. Um für deine Tigerfrau ein Zufluchtsort sein zu können, brauchst du die Kraft, sanft zu sein, und den Mut, zärtlich zu sein, und deine Kraft muss ihrer Kraft ebenbürtig sein, damit du nicht zu Tode getrampelt oder bei lebendigem Leib gefressen wirst. Wenn du deiner Tigerfrau helfen willst, musst du sie lieben, statt über sie zu urteilen. Als deine Partnerin spiegelt sie dir in der Regel den Teil deiner selbst wider, den du verurteilt, abgespalten und verdrängt hast. Du hast diesen Bereich deines Geistes verschlossen, hast Warnschilder aufgestellt und schützt diesen Ort mit Bandstacheldraht, Minenfeldern und Giftmüllgruben. Wenn du Partnerschaft und Ganzheit erreichen willst, dann musst du den Bereich deines Geistes integrieren, für den deine Tigerfrau steht. Das bringt sie in ein Gleichgewicht und ermutigt dich, den nächsten Schritt hin zu Nähe und Erfolg zu gehen.

Bei der ersten Begegnung mit deiner Tigerfrau verkörperte sie für dich die Begeisterung darüber, dass du endlich deine fehlende Hälfte gefunden hattest, und die Leidenschaft, die daher rührte, dass du dich wieder mit ihr verbinden konntest. Wenn ihr jedoch vom Stadium der Verliebtheit in eurer Beziehung zum Stadium des Machtkampfs gelangt, in dem ihr lernt, die Unterschiede zwischen euch zu überbrücken, dann können die Fetzen fliegen. Es ist wichtig zu wissen, dass es eine Reihe von Gründen gibt, aus denen du dich in einen Machtkampf verwickelst – um ein Bedürfnis erfüllt zu bekommen, um Recht zu bekommen, weil du Angst vor dem nächsten Schritt hast, aus Angst vor dem Bereich deines Geistes, für den deine Tigerfrau steht und den du verurteilt und auf sie projiziert hast, und aus Angst vor so viel Liebe, dass sie dein Ego auflösen und dich zu Gott zurückführen würde.

Du glaubtest, dass du als Tiger in deiner Familie nicht würdest überleben können. Um Ganzheit und Reife zu erlangen, bist du nun dazu aufgerufen, diesen Bereich deiner selbst zurückzugewinnen. Wenn du deine Tigerfrau mehr liebst als deinen alten Schmerz und deine alten Glaubenssysteme, dann vergibst du ihr und dir selbst auf natürliche Weise, gibst ihr insbesondere dann, wenn sie Hilfe braucht, und integrierst das, was sie dir von deinem eigenen verborgenen Selbst zeigt.

Verpflichtung, Ebenbürtigkeit und die Tigerfrau

Zwei Prinzipien, die in einer Beziehung viel Zeit und Ärger ersparen können, sind Verpflichtung und Ebenbürtigkeit. Nachdem ich mich seit fast vierzig Jahren eingehend mit dem Unterbewusstsein und dem Unbewussten befasse, habe ich erkannt, dass unseren Beziehungsproblemen weit mehr zugrunde liegt, als wir uns zu wissen erlauben.

Das folgende, auf den tieferen Ebenen des Unbewussten verborgen liegende Prinzip gehört zu den Dingen, die wir meist vor uns verbergen. *Alles, was unser Partner tut, beruht auf Entscheidungen, die* **wir** *getroffen haben.* Das gibt uns die Möglichkeit, uns zu trennen, unabhängig zu sein, uns von unserer Lebensaufgabe abzuwenden und unserer Angst vor Nähe aus dem Weg zu gehen, statt uns ihr zu stellen. Es gibt noch weitere heimliche Belohnungen. Damit entscheiden wir uns aber für Trennung und Angst anstelle von Liebe und Vertrauen. Wir entscheiden uns für die Erde anstelle des Himmels auf Erden. Wir entscheiden uns für unser Ego anstelle des höheren Bewusstseins. Wir entscheiden uns für Leugnung und Schuld anstelle von Bewusstheit und Verantwortung. Es ist wichtig zu wissen, dass es stets einem bestimmten Zweck dient, wenn ein Problem entsteht oder wenn unser Partner – und das gilt nicht nur für Tiger – sich unangemessen verhält. Wir benutzen die Tatsache, dass er bestimmte Dinge ausagiert, um Nähe und Gnade zu leugnen. Wir benutzen sie, um uns alleingelassen, falsch verstanden und sogar verraten zu fühlen. Dabei könnten wir alles, was – gleich, aus welchem Grund – hochkommt, nutzen, um Heilung und größere Nähe zu erlangen. Entscheidest du dich für Liebe oder Selbstschutz? Liebe und Heilung ermöglichen es dir, dich auf einer ganz neuen Ebene zu verbinden.

Es gibt alte und sogar uralte Geschichten, die wir selbst geschrieben haben und zu denen beispielsweise Herzensbruch, Verrat oder Selbsterhaltung gehören. Damit weisen wir den Menschen in unserer Umgebung eine Rolle zu und machen sie zu Nebendarstellern, die wir benutzen, statt sie als eigenständige Geschöpfe anzuerkennen. Weil unser Geist diese Geschichten auf einer unbewussten Ebene erzählt, übernehmen wir weder für das, was in unserem Leben geschieht, noch für unsere Entscheidungen die Verantwortung. Somit geben wir insgeheim unser Einverständnis zu dem, was mit unserem Partner geschieht.

Das erste und wichtigste Werkzeug, das dir in jeder Beziehung, besonders aber in der Beziehung zu einer Tigerfrau helfen kann, besteht darin, dich einem Weg der Heilung zu verpflichten, sodass du alles, was zwischen dir und deiner Partnerin hochkommt, als einen Schritt auf deinem Weg der Heilung benutzen kannst. Wenn du es nicht tust, benutzt das Ego alles, was in Form von Streit und Leblosigkeit hochkommt, um Trennung herbeizuführen. Alles, was hochkommt, ist als Symptom gedacht, das einen Impuls zur Heilung geben soll. Alles, was bei dir, deiner Tigerfrau oder in eurer Beziehung hochkommt, ist eine Aufforderung, dich zu ändern. Wenn du Heilung und Veränderung verpflichtet bist, dann ist die Gefahr viel geringer, dass du dich von Problemen überrumpeln lässt. Der Weg zu mehr Partnerschaft besteht immer darin, dich von Geist zu Geist zu verbinden. Er hat damit zu tun, was du mit deinem Geist anfängst, und nicht nur damit, was du mit deinem Körper tust.

Dich deiner Tigerfrau zu verpflichten kann dich nicht nur über einen Berg, sondern über eine Bergkette von Problemen hinwegbringen. Die Entscheidung, dich ihr so uneingeschränkt zu geben, wie du es getan hast, als du den Entschluss gefasst hast, dich partnerschaftlich mit ihr zu verbinden, kann dich auf eine ganz neue Stufe deiner Beziehung bringen, einschließlich der Flitterwochen, die damit einhergehen. Deine Beziehung bezieht ihre Macht und ihr Glück daraus, dass du dich ihr unaufhörlich verpflichtest, und deine kontinuierliche Verpflichtung ist die Grundlage für den Erfolg und die Gesundheit in eurer Beziehung, in der ihr beide Partner, leuchtende Sterne und Meister seid.

Jeder Akt der Verpflichtung bringt ein neues Maß an Partnerschaft und das damit verbundene höhere Maß an Liebe und Erfolg. Jeder Akt der Verpflichtung bringt ein neues Maß an Mühelosigkeit und Freiheit. Er bringt zudem Wahrheit, sodass du die Richtung, die dich voranbringt, viel klarer erkennen kannst. Mehr Illusionen fallen fort, und in dem äußerst seltenen Fall, dass deine Tigerfrau nicht deine wahre Partnerin ist, endet die Beziehung ohne Probleme, im gegenseitigen Einvernehmen und ohne Verletzungen, Schuldgefühle oder das Bedürfnis, euch gegenseitig zum „bösen Buben" zu machen. Verpflichtung bringt dich über jedes Dilemma hinaus, heilt Machtkämpfe, kann Leblosigkeit und sogar Seelenmuster transformieren. Sie ist eine wunderbare Segnung für jede Beziehung. Wenn sie richtig eingesetzt wird, kann sie dich sogar über Dreiecksgeschichten und Affären hinausbringen. Falls die Beziehung zu deiner Tigerfrau unwahr ist und du sie nur benutzt, um dich zurückzuhalten, lässt Verpflichtung sie ganz mühelos fortfallen. Niemand fühlt sich schlechter, wenn Verpflichtung das Ende herbeigeführt hat. Wenn die Beziehung nur für eine kurze Zeitspanne gedacht war, um eine Lektion zu lernen oder um Hilfe zu geben und zu empfangen, dann fällt sie ebenfalls fort, aber ihr trennt euch als Freunde.

Ebenbürtigkeit ist ein weiteres Prinzip der Heilung, das eine große Wirkung hat, weil sie ein Gradmesser für deine Verbundenheit und deinen Fluss ist. Wo es Ebenbürtigkeit gibt, dort kann es weder Streit noch Leblosigkeit geben. Es ist wichtig zu wissen, dass der Sinn deiner Beziehung darin besteht, alles zu heilen, was zwischen dir und dem Himmel steht, denn jede Spaltung tritt zwischen dir und deiner Tigerfrau zutage. Sei dir daher der Tatsache bewusst, dass es sich bei dem, was zwischen euch hochkommt, um einen Konflikt in deinem eigenen Geist und folglich auch um einen Konflikt im Geist deiner Tigerfrau und einen Konflikt zwischen dir und dem Himmel handelt. Es bedeutet, dass es eine Anhaftung und Identifikation gibt, die dir wichtiger ist als der Wunsch, dich mit deiner Partnerin zu verbinden oder sie zu lieben.

Wenn deine Partnerin wichtiger wird als deine Anhaftungen, Glaubenssätze und Selbstkonzepte, dann lernst du ein höheres Maß an Liebe kennen, und auf deinem Weg der Heilung gelangst du einen wichtigen Schritt voran. Es ist auch wichtig zu wissen, dass große Probleme oder Versuchungen, die in dem Moment auftreten, in dem du bereit bist, in deinem Glück und in deinen Beziehungen auf eine völlig neue Ebene zu gelangen, die letzten verzweifelten Versuche des Egos sind, dich am Erreichen dieser Ebene zu hindern. Das Wissen, dass die Probleme oder Versuchungen, denen du dich in deiner Beziehung stellen musst, nur deine eigene Angst davor zeigen, auf eine neue Ebene der Partnerschaft zu gelangen, macht eine mühelose Entfaltung möglich. Die neue Ebene bringt dir ein höheres Maß an Verbundenheit, Mühelosigkeit und Erfolg. Wenn du dir dieser Dynamiken bewusst bist, dann ist die Wahrscheinlichkeit viel größer, dass du erfolgreich auf diese neue Ebene gelangen kannst. Verpflichtung gehört zu den Prinzipien, die es dir ermöglichen, von Bergkette zu Bergkette zu schreiten, statt in jedes tiefe Tal zu fallen.

Jeder Akt, mit dem du dich deiner Partnerin oder der Ebenbürtigkeit mit ihr verpflichtest, heilt einen alten Konflikt, einen Teil des gespaltenen Bewusstseins, das Gefühle der Zwiespältigkeit in Bezug auf die Liebe scheinbar zur Norm macht. Deine Liebe wird stärker, deine Fähigkeit, zu empfangen und zu genießen, wächst, und das Leben und deine Beziehungen werden in dem Maße leichter, in dem dein Geist ein höheres Maß an Ganzheit erlangt.

Das Ego lehnt Ebenbürtigkeit ab. Es will Beziehungen, in denen ein Partner ein Tyrann und der andere sein Sklave, ein Partner der Herr und der andere sein Diener oder ein Partner ein Führer und der andere sein Anhänger ist. Es will, dass jemand vor oder hinter uns, nicht aber neben uns geht. Der Anfang von Liebe und Freude liegt in der Nähe, die mit Ebenbürtigkeit einhergeht.

Verpflichtung und die Verpflichtung zur Ebenbürtigkeit sind Abkürzungen, die zur Partnerschaft führen. Sie wertschätzen deine weibliche Seite und heilen das übertriebene Männliche. Sie bewirken, dass du immer dann, wenn du deine Partnerin einbeziehst, auch dich selbst in immer stärkerem Maße einbeziehst, bis du durch Verpflichtung auf eine neue Ebene gelangst.

Beziehungsstadien

Beziehungen können in Stadien unterteilt werden: Verliebtheit, Machtkampf, Tote Zone, Ko-Kreativität und radikale Abhängigkeit. Wenn du das Stadium der Ko-Kreativität erreichst, das von wechselseitiger Abhängigkeit und Partnerschaft geprägt ist, dann steigst du in die höheren Regionen auf, in denen beide Partner zunächst auf die Ebene der Führerschaft, dann auf die Ebene der Vision und zu guter Letzt auf die Ebene der Meisterschaft gelangen. An dem Punkt, an dem du die volle Meisterschaft verwirklicht hast, trittst du in das Stadium der radikalen Abhängigkeit ein. In diesem Stadium überlässt du Gott das Ruder deines Lebens. Du lässt dich führen und legst alles in Gottes Hände.

Wenn ihr gut zueinander passt oder die Tigernatur bei deiner Partnerin nur teilweise ausgeprägt ist, liegt die größte Herausforderung für euch vermutlich im Stadium der Toten Zone. Ist die Tigernatur bei deiner Partnerin voll ausgeprägt, birgt das Stadium des Machtkampfs die größte Gefahr. Dieses Stadium hält sehr wichtige Lektionen für alle Beziehungen bereit, wenn es darum geht, sie auf ein sicheres Fundament zu stellen. In der Beziehung zu einer leidenschaftlichen Frau sind die Lektionen, in denen wir lernen, Machtkämpfe zu heilen und Differenzen zu überbrücken, jedoch von entscheidender Bedeutung. Alle Beziehungsstadien sind in Schritte unterteilt. Meist befinden wir uns in drei Wachstumsschritten zur gleichen Zeit, und wenn wir uns aus dem letzten Schritt herausentwickeln, sind es sogar vier. Bildlich gesprochen liegen zwischen den Stadien der Verliebtheit und der Partnerschaft etwa zehntausend Lektionen, die jede Beziehung durchstehen muss. Verpflichtung kann dir mit einem Schlag über dreihundert bis dreitausend dieser Lektionen hinweghelfen.

Ich erinnere mich an eine Tiger-Beziehung, die siebenundzwanzig Jahre im Stadium des Machtkampfs festgesteckt hat. Eine Tiger-Beziehung hat meist etwa neuntausend Lektionen im Stadium des Machtkampfs und nur tausend Lektionen im Stadium der Toten Zone zu bewältigen. Bei einer „kompatiblen" Beziehung ist es genau umgekehrt.

Das Stadium der Verliebtheit

Im Stadium der Verliebtheit projizierst du alles auf deinen Partner, was dir selbst fehlt. Er wird zu deinem Traummann oder sie zu deiner Traumfrau. Je größer deine Unabhängigkeit ist, umso kürzer dauert das Stadium der Verliebtheit an. Es ist das Stadium, in dem du so sehr in deinen Partner verliebt bist, dass du wie auf Wolken schwebst. In seiner schönsten Form zeigt das Stadium der Verliebtheit dir das Potenzial, das deiner Beziehung innewohnt.

Das Stadium des Machtkampfs

Das Stadium des Machtkampfs kann in drei Schritte unterteilt werden: den Schritt des Schattens, Abhängigkeit und Unabhängigkeit sowie die Positiv-Negativ-Dynamik.

Erster Schritt: Der Schatten

Dieser Schritt muss nicht von allen Beziehungen durchlaufen werden. Falls es bei dir jedoch so sein sollte und du nicht erkennst, was vor sich geht, bezahlst du einen sehr hohen Preis. Sobald du das Stadium der Verliebtheit abgeschlossen hast, projizierst du nicht mehr die Dinge auf deinen Partner, die du bei dir selbst als ideal empfindest, wie es im Stadium der Verliebtheit der Fall war, sondern die dunkelsten Alpträume und Schatten, die du in dir trägst. Wenn du erkennst, was vor sich geht, lässt du dich von dem außerordentlich hohen Maß an Widerstand, das mit diesem Schritt einhergeht, nicht aufhalten. Du erkennst, dass du diesen Schritt durch Vertrauen, Vergebung oder Verpflichtung rasch überwinden kannst. Es ist paradox, dich deinem schlimmsten Alptraum zu verpflichten, denn genau das scheint deine Tigerfrau im Schritt des Schattens zu sein. Tust du es trotzdem, gelangst du gleich an einer ganzen Bergkette von Themen vorbei zum Schritt von Abhängigkeit und Unabhängigkeit voran. Dies ist der entscheidende Schritt für deine Beziehung, denn wenn du die damit verbundene Lektion nicht lernst, wirst du keinen Erfolg in deinen Beziehungen haben. Du kannst dich daher ebenso gut dazu verpflichten, sie auf mühelose Weise zu lernen, während du dich gleichzeitig deiner Partnerin verpflichtest.

Zweiter Schritt: Abhängigkeit / Unabhängigkeit

Nach den ersten Scharmützeln im Stadium des Machtkampfs trefft ihr beide eine unterbewusste Entscheidung in Bezug darauf, wer von euch am ehesten die Rolle des unabhängigen Partners und wer am ehesten die Rolle des abhängigen Partners übernehmen könnte. Das wahre Maß deiner Unabhängigkeit entspricht der Summe aus deiner eigenen Unabhängigkeit und der Unabhängigkeit deiner Tigerfrau. Für die Abhängigkeit gilt dasselbe. Jeder von euch entscheidet sich für die Rolle, für die er am besten geeignet ist, und projiziert dann die andere Rolle auf den Partner. Wenn du das nicht erkennst und verstehst, kann eine Tigerfrau in der unabhängigen Rolle durch ihr äußerst barsches und oft auch verletzendes Verhalten großes Unheil anrichten. Wenn sich deine Tigerfrau in der abhängigen Position befindet, greift sie dich an, weil sie sich schwächer und bedürftiger fühlt als du. Erfüllst du ihr Bedürfnis, kann es sein, dass sie angreift, weil sie entweder glaubt, dass du dich allzu selbstherrlich benimmst und ein wenig zurechtgestutzt werden musst, oder weil es ihr nicht gefällt, dass sie von dir abhängig ist, wenn es um die Erfüllung ihrer Bedürfnisse geht. Für Tigerfrauen, die keine sexuellen Verletzungen davongetragen haben, ist Sex das mit Abstand beliebteste Mittel, um ein Bedürfnis erfüllt zu bekommen.

Ich war einmal mit einer Tigerfrau verabredet, die gleich bei unserer ersten Begegnung plötzlich zu mir sagte: „Du hältst dich wohl für sehr clever. Ich kann dich ganz schnell auf den Boden der Tatsachen zurückholen. Das habe ich schon bei Männern getan, die wesentlich größer waren als du."

Ich sah ihr in die Augen und erklärte: „Ich spiele diese Spiele nicht und schlage vor, dass du es auch nicht tust." Leider schien sie fest entschlossen zu sein, mich wieder auf den Boden der Tatsachen zurückzubringen, was dazu führte, dass sie in ihre eigene Falle tappte. Sie manövrierte sich selbst in die abhängige Position, und daran war sie definitiv nicht gewöhnt.

Seit damals habe ich gelernt, dass, wenn es darum geht, die Beziehung zu einer Tigerfrau – aber auch zu anderen Menschen – erfolgreich zu gestalten, der richtige Weg darin besteht, dich ihr und eurer Ebenbürtigkeit zu verpflichten. Es führt dazu, dass du nahezu vollständig über den Schritt von Unabhängigkeit und Abhängigkeit hinausgelangst. Einigen Aspekten dieser Lektion musst du dich zwar trotzdem noch stellen, aber du bleibst nicht darin stecken, und vor allem besitzt du den Schlüssel, der es dir ermöglicht, diese entscheidende Lektion erfolgreich zu bewältigen. Der erste ist zugleich auch der schwerste Schritt, doch sobald du dich deiner Partnerin verpflichtest, fängst du an, einen Teil der alten Blockaden aus dem Weg zu räumen, die du bereits seit deinem allerersten Herzensbruch in dir trägst.

In der Beziehung zu einer Frau, bei der die Tigernatur voll ausgeprägt ist, stellt der Schritt von Abhängigkeit/Unabhängigkeit im Stadium des Machtkampfs die größte Herausforderung dar und ist zugleich der wichtigste Schritt, den es zu bewältigen gilt. Bist du der abhängige Partner, dann versuchst du deine Tigerfrau dazu zu bringen, dass sie deine Kindheitsbedürfnisse erfüllt. Deine Tigerfrau zu einem Elternteil zu machen oder sie dazu bringen zu wollen, das wettzumachen, was dir deine Eltern nicht gegeben haben, funktioniert jedoch einfach nicht. Du glaubst vielleicht gar nicht, dass du es tust, weil deine emotionalen Bedürfnisse auf Sex ausgerichtet sind, aber wenn sie vor deinen emotionalen Bedürfnissen und deinem Gefühl der Dringlichkeit zurückschreckt, dann hast du es geschafft, deine Beziehung aufs Spiel zu setzen. Dein Bedürfnis führt dazu, dass du verletzt wirst oder sogar einen Herzensbruch erleidest. Es kann unersättlich werden, und selbst dann, wenn deine Tigerfrau zu dir hinausreicht, ist es nie genug, um dich zu befriedigen. Wenn du in der abhängigen Position steckenbleibst, versuchst du zu manipulieren, zu beschwatzen oder deine Partnerin durch deinen verletzten, traurigen oder verzweifelten Blick emotional zu erpressen. Das alles sind jedoch keine guten Ideen, denn die eine oder andere Schlacht magst du damit vielleicht gewinnen, wirst den Krieg aber ganz gewiss verlieren. Natürlich kann es sich so anfühlen, als wärest du „gestorben und in den Himmel gekommen", wenn es dir gelingt, die Abwehrmechanismen deiner Tigerfrau zu überwinden und sie dir zu Willen zu machen. Du wirst sie allerdings kaum dazu bringen, dir die besonderen sexuellen Wünsche zu erfüllen, die du dir ersehnst und die du mit ihrer Liebe zu dir gleichsetzt. Auch dies ist eine jugendliche Torheit und falsche Interpretation dessen, was geschieht. Wenn du der abhängige Partner bist, neigst du viel mehr dazu, von deiner Tigerfrau missbraucht zu werden, als wenn du die unabhängige Position in der Beziehung innehast.

Wenn ich von der Liebe zu deiner Tigerfrau spreche, dann meine ich nicht die Abhängigkeit, die den Anschein erweckt, als wärest du total verliebt, aber den Teil verbirgt, der gibt, um zu nehmen. Abhängigkeit gibt, um zu nehmen, und ist schnell verletzt, was dir als dem Partner einer Tigerfrau und deiner Gesundheit nicht unbedingt zuträglich ist. Tigerfrauen verabscheuen Bedürftigkeit, obwohl sie oft selbst bedürftig sind. Wenn du in der Beziehung zu einer Tigerfrau abhängig und bedürftig bist, beklagst du dich über etwas, das sie nicht für dich tut und dir nicht gibt. Das schwächt aber nur deine Position und verringert die Anziehungskraft, die du auf sie ausübst. Wenn sie nicht mehr mit dir schlafen will, dann weißt du, dass du es „verbockt" hast. Deine Tigerfrau gibt ihren liebsten Zeitvertreib auf, weil deine Abhängigkeit ihr die Lust verdirbt. Jetzt ist der Zeitpunkt gekommen, an dem ein ernstes Gespräch mit dir selbst angezeigt ist. Wenn deine Tigerfrau, deine Beziehung zu ihr und dein eigenes Herz dir etwas wert sind, ist es Zeit, die Beziehung wieder ins Gleichgewicht zu bringen.

Ich will offen sein in der Hoffnung, dich damit zu motivieren. Emotionale Abhängigkeit ist emotionale Unreife. Sie beruht auf einer Vergangenheit, die du nicht überwunden hast. Sie weist auf Orte hin, an denen du selbstschädigende Muster hast und emotional erstarrt bist. Die schlimmste Position, die du deiner Tigerfrau zuweisen kannst, ist die unabhängige Position, weil sie dann die Liebe, die sie für dich empfindet, und die sexuelle Anziehung, die du auf sie ausübst, nicht spürt. Das bringt wiederum dich in eine schwache Position, die dich, wenn du nicht aufpasst, auf einen Herzensbruch zusteuern lässt. Die beste Konstellation für euch beide ist Ebenbürtigkeit, aber wenn sie nicht gegeben ist, besteht die zweitbeste Konstellation darin, dass du die unabhängige Rolle einnimmst, damit du deine Beziehung zu Ebenbürtigkeit und Erfolg führen kannst. Deine Tigerfrau neigt zum Angriff, wenn sie sich vernachlässigt fühlt, aber wenn du dich auf deine sexuelle Integrität verlassen und deine sexuelle und emotionale Energie auf deine abhängige Tigerfrau richten kannst, dann blüht sie auf, schwingt sich gemeinsam mit dir zu neuen Ebenen empor und erkennt dadurch ihr wunderbares, feuriges Selbst. Jedes Mal, wenn es dir gelingt, ruft es zudem ein immer geringeres Maß an Aggression hervor. Deine Tigerfrau greift dich immer noch an, aber wenn du erkennst, dass sie dich genau dann am meisten braucht, kannst du dadurch, dass du dich mit ihr verbindest und sie liebst, ihr helfen und zugleich dich selbst von einem inneren Konflikt befreien. Vor allem dann, wenn du an persönlichem oder spirituellem Wachstum interessiert bist, kann deine Tigerfrau eine wunderbare Zen-Meisterin sein, denn nur dein Ego wird durch ihre Reaktion verletzt oder aus der Fassung gebracht. Deine Tigerfrau hat einen siebten Sinn für die Orte in dir, an denen du gespalten und im Zwiespalt bist. Wenn du deine Mauern abbaust und deinen Konflikt und deine Angst eingestehst, kannst du sie in die Hände des Himmels legen, damit er sie für dich transformiert.

Wenn du in der abhängigen Position gefangen bist, lege ich dir die Lektüre einiger meiner anderen Bücher ans Herz, die dir Hintergrundinformationen zu diesem Thema geben können, wie etwa *Wenn es verletzt, ist es keine Liebe* oder das *Beziehungs-Notfall-Set*.

Neben der Lektüre dieser hilfreichen Bücher rate ich dir, dich im Loslassen deiner Anhaftungen zu üben – wobei es keine Rolle spielt, ob du der abhängige oder der unabhängige Partner bist –, weil sie der Grund für deine Verärgerung sind. Wenn du Anhaftungen und Bedürfnisse hast, dann bekommst du nicht das, was du willst, und du leidest unter dem, was geschieht oder nicht geschieht. Der Ursprung deiner Bedürfnisse und Anhaftungen liegt in der Tatsache, dass du dich in der Vergangenheit irgendwann einmal für Unabhängigkeit und Besonderheit entschieden hast.

Sie sind die Mauern deines Egos. Der Schmerz, der jetzt in dir hochkommt, ist der Schmerz, der durch die Zerstörung deiner Verbundenheit in der Vergangenheit entstanden ist.

Wenn du etwas nicht brauchst, kannst du so viel davon haben, wie du nur willst. Wenn du es unbedingt haben musst, kannst du es nicht haben. Wenn du das, was du zu brauchen glaubst, loslässt, kommt es zu dir. Dies geschieht, wenn du der unabhängige Partner bist, aber Unabhängigkeit birgt das Problem, dass du dissoziiert bist und das, was du empfängst, weder fühlen noch genießen kannst und es daher auch nicht zu schätzen weißt. Ebenbürtigkeit ist deshalb die beste Position und das Ziel in jeder Beziehung. Sobald du sie verwirklicht hast, kann sie weiter wachsen, um auf noch höhere Ebenen zu gelangen. Ebenbürtigkeit lässt Fluss, Erfolg, Nähe, Mühelosigkeit, Wahrheit, Freiheit und ein höheres Maß an Partnerschaft entstehen. Ebenbürtigkeit ist das Kennzeichen einer erfolgreichen Beziehung.

Wenn du in der abhängigen Position bist, dann ist dir – auch wenn du das Gegenteil behaupten magst – die Erfüllung deiner Bedürfnisse wichtiger als der Wunsch, deine Tigerfrau zu lieben. Liebe hat mit dem zu tun, was du gibst, und nicht mit dem, was du bekommst. Liebe hat nichts mit Aufopferung zu tun, die kein echtes Geben ist und auch nicht empfangen kann. Wenn du dich aufopferst, gibst du nicht dich selbst. Wenn du wirklich gibst, fühlst auch du dich erfüllt, und es gibt kein Bedürfnis, das befriedigt werden muss. Du empfängst in dem Maße, in dem du gibst, und durch dein Geben öffnest du dich dem Empfangen. Geben ist tatsächlich alles, was erforderlich ist, damit du das empfangen kannst, was du dir wünschst. Und dort, wo du dich aufgeopfert hast, hättest du dein Ziel auch ohne Aufopferung erreichen können.

Sowohl Abhängigkeit als auch Aufopferung sind Rollen, deren Ursprung auf eine Zeit zurückgeht, die lange vor deiner jetzigen Beziehung liegt und in der du verletzt wurdest oder deine Verbundenheit verloren hast. Wenn du einen Blick in dein Unterbewusstsein hineinwerfen könntest, würdest du sehen, dass du selbst dich dafür entschieden hast, diese ursprüngliche Verletzung geschehen zu lassen. Das hat dich davon abgehalten, auf einer völlig neuen Ebene zu erwachen, und es hat dir die Ausrede geliefert, die du brauchtest, um deiner Lebensaufgabe aus dem Weg zu gehen und sowohl unabhängig zu sein als auch deine Besonderheit hervorzuheben. Leider war deine Unabhängigkeit jedoch eine dissoziierte Rolle, die du nicht genießen konntest, weil sie dir im gleichen Maße auch die Rolle des abhängigen Opfers und die Rolle des sich aufopfernden Märtyrers gebracht hat. Es war ein rundum schlechtes Geschäft, und zwar nicht nur für dich, sondern für alle Menschen in deiner Umgebung. Die Lektion, die du lernen solltest, ist nun zu einem selbstschädigenden Muster geworden, das zu einer Prüfung in deinem Leben geführt hat. Ich rate dir, sie jetzt zu lernen, denn es ist dein wahrer Wille und nicht der Wille des Egos, das dich so beraten würde, dass du deinen Willen durchsetzt und gleichzeitig scheiterst. Irgendwann wirst du diese Lektion lernen. Warum also nicht jetzt? Es erspart dir die Leugnung und die Selbstgerechtigkeit, die zu einem gebrochenen Herzen führen, insgeheim aber Gefühle des Versagens und der Rache in sich bergen, die dafür sorgen, dass du in die Falle dieses Musters tappst. Du willst nicht kontrollieren, unabhängig, zynisch oder verbittert sein. Du willst die wahre Liebe. Also entscheide dich dafür.

Eine Tigerfrau ist ein starkes, prachtvolles Geschöpf, aber sie blüht erst dann auf und wächst über sich selbst hinaus, wenn sie einen hingebungsvollen Partner hat, der sich nicht nur ihr, sondern auch der Ebenbürtigkeit mit ihr verpflichtet. Es befähigt sie, auf jedem Fachgebiet, für das sie sich entscheidet, die Führung zu übernehmen.

Eine Tigerfrau, mit der ich zusammen war, hatte einen Master-Abschluss in Krankenpflege und erwarb später sogar ihren Doktortitel. Eine andere Tigerfrau, mit der ich zusammen war, leitete eine Gewerkschaft und hatte alle Männer in dieser Gewerkschaft unter ihre Fuchtel gebracht. Eine Geschäftspartnerin, mit der ich hin und wieder zusammenarbeitete, war ebenfalls eine Tigerfrau. Ich wusste, dass sie ihren Partner regelmäßig abkanzelte und dass sie der Fluch aller Kellner und Hotelangestellten war. Ich wusste auch, dass es nur eine Frage der Zeit war, bis es mich treffen würde. Deshalb war ich gewappnet, als sie eines Morgens in einer Mitarbeiterbesprechung einen Angriff in Orkanstärke gegen mich startete. Er wehte mir die Haare aus dem Gesicht und die Krawatte um die Ohren, aber ich war darauf vorbereitet. Als sie mich wegen meiner vermeintlichen Missetaten und Misserfolge anschrie, blieb ich einfach zentriert, präsent und offen und ließ Liebe in sie einströmen, weil ich das Bedürfnis erkannte, das unter ihrem Angriff verborgen lag. Fast zwanzig Minuten lang blieb ich sitzen, ohne mich zu wehren, und strömte Liebe in sie ein, während sie mich angriff. Zu guter Letzt lächelte sie, machte einen Witz, um die Situation zu entschärfen, und setzte die Besprechung fort, als sei nichts gewesen. Sie ging zwar mit ihren Mitarbeitern auch weiterhin nicht gerade zimperlich um, hat meines Wissens aber niemals wieder jemanden öffentlich in dieser Form gerügt.

Dritter Schritt: Die Positiv-Negativ-Dynamik

Der nächste Schritt im Beziehungsstadium des Machtkampfs ist von einer Dynamik geprägt, in der beide Partner entgegengesetzte Positionen einnehmen, die mit dem positiven und dem negativen Pol einer Batterie vergleichbar sind. Ein „positiver" Mensch kann idealistisch, aber auch naiv sein. Er sieht das große Ganze, erkennt jedoch nicht den Preis, den es kostet. Das hat zur Folge, dass er sich selbst und die Menschen in seiner Umgebung irgendwann überfordert. Ein positiver Mensch zählt sowohl Bettler als auch Könige zu seinen Freunden. Er ist gesellig und zumeist unvoreingenommen. Ein „negativer" Mensch kann dagegen sehr voreingenommen sein, ist zugleich aber auch äußerst scharfsichtig. Neben seinem Partner zieht er eine kleine Zahl enger Freunde einer ganzen Horde von Bekannten vor. Positive Menschen können sich in Leugnung verstricken, negative Menschen in einer „Ich-habe-es-dir-doch-gesagt"-Haltung. Ein positiver Mensch sieht die Schlange im Gras nicht. Ein negativer Mensch sieht sie schon, wenn sie noch gar nicht da ist. Ein negativer Mensch kann detailorientiert und klar sein, ist aber auch ein Pessimist, während sein positiver Partner ein Optimist ist. Trotz allem ist der positive Mensch nicht besser als der negative Mensch, denn beide besitzen die halbe Wahrheit und benötigen die Gaben des jeweils anderen, um wirklich erfolgreich zu sein.

Die große Gabe eines positiven Menschen besteht darin, dass er Probleme transformiert. Die große Gabe eines negativen Menschen besteht darin, dass er das Problem aufdeckt. Gemeinsam bilden sie ein großartiges Team. Ein negativer Mensch verliert die Hoffnung, wenn sein positiver Partner ihm negativ begegnet. Das geschieht dann, wenn der positive Mensch ihn oder seinen Beitrag nicht zu schätzen weiß oder nicht erkennt, dass die Gabe eines negativen Menschen darin besteht, das Problem aufzudecken, damit er es dann beheben kann. Der negative Mensch weiß nicht, wie er ein Problem lösen soll, nachdem er es aufgedeckt hat, aber wenn der positive Mensch den Beitrag zu schätzen weiß, den der negative Mensch leistet, indem er das Problem aufdeckt, dann bilden sie ein gutes Team. Wenn ein positiver Mensch seinem negativen Partner negativ begegnet, kann das für einen negativen Menschen äußerst schmerzhaft sein. Es kann sein, dass er die Hoffnung verliert, jemals verstanden zu werden. Nach diesen Ausführungen ist es daher keineswegs unnormal, dass die Tigerfrau die negative Position innehat. Die Schlüssel, die dich rasch über die Bergkette hinwegtragen können, die dieser Schritt darstellt, bestehen auch hier darin, dich sowohl deiner Partnerin als auch eurer Ebenbürtigkeit zu verpflichten.

Ohne Vertrauen und Verbindung gelangst du niemals über das Stadium des Machtkampfs in deiner Beziehung hinaus. Jeder Akt rückhaltloser Verpflichtung kann jedoch bewirken, dass du über eine ganze Bergkette hinweggetragen wirst, statt jeden Berg einzeln überwinden zu müssen.

Die Tote Zone

In einer leidenschaftlichen Beziehung mit einer Tigerfrau ist die Tote Zone meist von kürzerer Dauer. Wenn die Tigernatur bei der Frau voll ausgeprägt ist, schaffen es allerdings nicht sehr viele Beziehungen bis in dieses Stadium. Wenn die Tigernatur bei deiner Partnerin nur zum Teil ausgeprägt ist, stellst du vielleicht fest, dass ihr trotzdem eher eine kompatible als eine leidenschaftliche Beziehung führt. In einer leidenschaftlichen Beziehung habt ihr großartigen Sex, aber auch mehr Auseinandersetzungen und Differenzen, die es zu überwinden gilt, als in einer kompatiblen Beziehung, in der es mehr um Aufopferung, Verschmelzung, Rollen und die ödipale Verschwörung geht. Beide Beziehungsformen können ganz wunderbar funktionieren. Wichtig ist nur, dass du die Lektionen lernst, die es in jeder dieser Beziehungsformen zu lernen gilt. Da eine Frau, deren Tigernatur voll ausgeprägt ist, oft in einer leidenschaftlichen Beziehung lebt, hat sie die meisten Lektionen im Stadium des Machtkampfs zu lernen. Eine Frau, deren Tigernatur nur zum Teil ausgeprägt ist, kann durchaus in einer kompatiblen Beziehung leben. Das bedeutet, dass es bei ihr mehr Themen im Stadium der Toten Zone zu heilen gilt. Wenn die Leblosigkeit zu groß wird, erwacht in der Regel die Tigerin in einer Frau, weil sie sich langweilt und glaubt, ihre Beziehung oder ihr Partner sei zu festgefahren. Im Dienst ihrer Beziehung heizt sie sowohl ihrem Partner als auch der Beziehung selbst kräftig ein. Sie greift dabei sogar auf ihre alten, destruktiven Verhaltensmuster zurück, um Schwung in ihre Beziehung zu bringen und sie mit neuem Leben zu erfüllen.

Dieses Verhalten entspricht der Wesensnatur einer Tigerfrau, und es soll die Beziehung voranbringen. Deine Aufgabe in der Beziehung besteht darin, deiner Tigerfrau zur Reife zu verhelfen, indem du sie von ganzem Herzen liebst, dich ihr und der Ebenbürtigkeit mit ihr jeden Tag neu verpflichtest und kontinuierlich an deiner eigenen Heilung arbeitest. Ohne diese tiefempfundene Liebe vermag eine Tigerfrau ihre Macht nicht zu entfalten. Wenn du deine Macht nicht annimmst, kannst du in der Beziehung nicht bestehen. Du wirst entweder zum gefundenen Fressen für deine Tigerfrau, oder aber du versuchst sie zu kontrollieren. Das mag dir vielleicht eine Zeitlang gelingen, aber wenn sie aus ihrem Käfig ausbricht, ist der Teufel los.

Tigerfrauen und frühe Spaltungen

Zwischen dir und deiner Tigerfrau kann es große Missverständnisse geben, denn deine Tigerfrau ist deine andere Hälfte. Sie spiegelt einen sehr wichtigen, aber unterbewussten Teil deiner selbst wider. In dem familiären Umfeld, in dem du aufgewachsen bist, hast du als Kind fast immer einen bestimmten Teil deiner selbst abgespalten, weil du glaubtest, nicht überleben zu können, wenn du dem Tiger in dir freien Lauf lässt. Du hast einen Teil deiner selbst verurteilt und dann abgespalten. Anschließend hast du ihn verdrängt und später auf deine Partnerin projiziert, damit du vorgeben konntest, das seiest nicht du, denn du bist besser – das glaubst du zumindest. Doch du siehst dich selbst ... du siehst den fehlenden Teil, den du verdrängt hattest.

Im Stadium der Verliebtheit kann es dir anfangs so vorkommen, als hättest du in deiner Tigerfrau deine andere Hälfte gefunden, deine Seelengefährtin, die deine innere Leere füllt. Solange ihr im Stadium der Verliebtheit seid, funktioniert alles wunderbar, aber sobald ihr ins Stadium des Machtkampfs eintretet, in dem ihr aufgefordert seid, eure Differenzen zu überbrücken, triffst du wieder auf die Abwehrmechanismen, die du errichtet hattest, um sicherzustellen, dass du dich dem Bereich deines Bewusstseins, den du abgespalten hast, nie wieder näherst. Deine Abwehrmechanismen bestehen – bildlich gesprochen – aus Giftmüllgruben, Bandstacheldraht und Minenfeldern, die dazu dienen, dich von diesem Bereich deines Bewusstseins fernzuhalten.

Nun bittet deine Partnerin dich darum, zu ihr zu kommen, um dich mit ihr zu verbinden. Auf einer unterbewussten Ebene hörst du jedoch, dass sie dich darum bittet, zu ihr zu kommen, um zu sterben. Das hat zur Folge, dass du dich nicht nur deinen Abwehrmechanismen selbst stellen musst, sondern auch dem Schmerz, der damit verbunden war, dass du diesen Teil deiner selbst abgespalten hast. Es jagt dir große Angst ein, das zu tun, was du eigentlich die ganze Zeit tun wolltest, nämlich, deine Tigerfrau zu lieben. Genau diese Liebe kann dich dazu bewegen, dich mit deiner Tigerfrau zu verbinden, und zwar durch den Schmerz der Spaltung und durch die Abwehrmechanismen hindurch, die du in der Vergangenheit gegen diesen Bereich deines Bewusstseins errichtet hattest und die jetzt gegen deine Partnerin gerichtet sind.

Eine Tigerfrau bekommt häufig einen Partner mit einem sehr ausgeprägten Bedürfnis nach Frieden und Harmonie, das in krassem Gegensatz zum Bedürfnis der Tigerfrau nach Drama und Problemlösung durch Konflikt steht. Wenn diese Spaltung überbrückt wird, erwächst daraus ein größeres Maß an Partnerschaft und Macht. Es gibt der Beziehung eine Ausrichtung mit einem geringeren Maß an Dissoziation und emotionalem Schwelgen. Je höher das Maß an Spaltung, das überbrückt wird, umso mehr werden beide Seiten eins. Ihr erlangt mehr Macht und größeres Selbstvertrauen und werdet zu besseren Partnern, ohne in Drama oder Vermeidung zu flüchten. Du erlangst ein höheres Maß an emotionalem Mut, und deine Partnerin gelangt in stärkerem Maße ins Gleichgewicht. Ihr teilt eure Gaben, und jeder gewinnt neue Gaben hinzu. Ein Teil der Probleme und Konflikte fällt fort. Sowohl die Tigerfrau als auch ihr Partner fühlen sich mit der Wesensart des jeweils anderen zunehmend wohler.

Es ist wichtig, dich der Ebenbürtigkeit zu verpflichten, denn alle Konflikte rühren von Konkurrenz her. Jeder Konflikt, der auftritt, ist ein Zeichen dafür, dass sich Konkurrenz in dein Denken eingeschlichen hat. Deshalb ist es so wichtig, auf Ebenbürtigkeit zu achten und deine Tigerfrau als deine ebenbürtige Partnerin zu behandeln.

Wenn ein Machtkampf stattgefunden hat, nutze ihn zur Heilung, damit das Muster, das zu diesem Machtkampf geführt hat, aufgelöst wird. Auf diese Weise bereinigst du ein Muster nach dem anderen, und deine Beziehung ist von einem immer höheren Maß an Frieden und Zentriertheit erfüllt. Jeder Schmerz ist eine Form von Übertragung. Er ist eine alte Geschichte aus der Vergangenheit. Wenn ein Konflikt aufgetreten ist, solltest du deshalb alle nachfolgend beschriebenen Prinzipien der Heilung anwenden.

Annehmen

Akzeptiere, dass dieses Problem aufgetreten ist. Nimm das Verhalten deiner Tigerfrau an. Nimm sie an. Nimm dich an. Nimm die Situation an, denn *dann bleibst du nicht darin stecken*. Wenn du ihr Widerstand leistest, bleibt sie bestehen. Wenn du sie annimmst, bleibst du nicht darin stecken, sondern gelangst in einen Fluss, der dich voranbringt. Was du annimmst, steht dir nicht mehr im Weg. Lasse es los, und es wird im Rahmen deiner Beziehung und deines Lebens in die richtige Perspektive gerückt.

Vergebung

Vergib deiner Tigerfrau. Vergib dir selbst. Vergib der Situation. Wenn du in dein Unterbewusstsein hineinblicken könntest, dann würdest du erkennen, dass dieses Problem nicht zufällig aufgetreten ist, sondern dass ihr beide – deine Partnerin und du – es absichtlich herbeigeführt habt. Du bist wütend, weil sie deine Regeln gebrochen und nicht nach dem Drehbuch gelebt hat, das du ihr zugewiesen hattest. Anderenfalls könnte es keine negative Emotion geben. Auf einer tieferen Ebene hat sie sich jedoch genau an ein anderes Drehbuch gehalten, das du dort verborgen hattest. Du trägst zwei unterschiedliche Drehbücher in dir, und dein innerer Konflikt hat sich nun zu einem Konflikt zwischen dir und deiner Tigerfrau entwickelt.

Loslassen

Lasse die Situation los. Einen Konflikt kann es nur geben, wenn du in irgendeiner Form an etwas anhaftest. Welche Anhaftung hat zu dieser Auseinandersetzung geführt? Welche Glaubenssätze? In Bezug worauf wolltest du Recht haben? Was hast du verteidigt? Abwehrstrategien beschwören Angriff herauf und ziehen ihn an. Nur Harmlosigkeit tut es nicht. In welchem Maße hatte dein Ego in diesen Streit investiert? Wenn es das nicht getan hätte, wärest du nämlich ruhig und zentriert geblieben, während deine Partnerin sich aufgeregt und das Problem ausagiert hätte. Du hättest auf ganz natürliche Weise liebevoll zu ihr hinausgereicht. Anhaftung ist falsche Verbundenheit. Wir halten fest, um etwas zu bekommen oder zu nehmen, während Verbundenheit gibt und empfängt. Sie reicht hinaus. Welche Person, an der du festhältst, hat möglicherweise zu diesem Konflikt geführt? Welche Situation aus der Vergangenheit, an der du festhältst, hat zu diesem Vorfall geführt? Ohne ein Ereignis aus der Vergangenheit hätte der jetzige Vorfall nie geschehen können. Lasse das alles nun los. Es hindert dich daran, den nächsten Schritt zu gehen und in einen Fluss zu gelangen, der dich mit einem höheren Maß an Gnade voranbringt.

Ziele setzen

Denke daran, dir Ziele für deine Beziehung zu setzen, die auf Ganzheit beruhen, damit du jeden Vorfall als Sprungbrett benutzen kannst, um Heilung zu bewirken und eine bessere Beziehung aufzubauen. Übergib ihn dem Heiligen Geist oder dem Tao und lasse dich, deine Partnerin und deine Beziehung von ihm zur Ganzheit führen.

Vertrauen

Setze dein Vertrauen in deine Tigerfrau, die Situation und dich selbst. Es gibt kein Problem, das dein Vertrauen nicht heilen kann. Vertrauen bewirkt, dass sich die Dinge auf eine paradoxe Weise entwickeln und schließlich zum Besten wenden.

Integration

Integriere alle Gegensätze, die du in der betreffenden Situation erlebt hast. Integriere das Verhalten deiner Tigerfrau mit deinem Verhalten. Es gibt sehr viele Formen der Integration. Eine einfache

Form besteht darin, dir vorzustellen, dass du in einen Arm dein eigenes Verhalten und in den anderen Arm das Verhalten deiner Partnerin hineinlegst. Strecke beide Arme waagerecht nach vorne aus. Beuge dann mit dem Ziel der Integration beide Arme ein und kreuze sie über der Brust, um die entgegengesetzten Teile zu einem neuen Ganzen zu verschmelzen. Wiederhole die Übung anschließend mit euer beider Emotionen. Euer Verhalten ist in der Regel zwar gegensätzlich, aber eure Gefühle sind auf einer tieferen Ebene genau gleich. Wenn du das erkennst, können Verstehen und Heilung geschehen. Achte auf mögliche Spaltungen und entgegengesetzte Verhaltensweisen und führe sie zusammen, indem du sie integrierst. Dann entstehen Ganzheit, Frieden, Fluss und neue Integrität.

Verpflichtung

Das nächste Prinzip der Heilung ist Verpflichtung. Die Entscheidung, dich deiner Partnerin rückhaltlos zu geben und es unabhängig davon zu tun, ob die Dinge gut, mittelmäßig oder schlecht laufen, bringt dich zum nächsten Stadium voran.
Während du diese Stadien durchläufst, kann es mitunter so aussehen, als würden die Dinge schlimmer statt besser, obwohl du Fortschritte erzielt hast. Alles, was nicht funktioniert, kannst du als Hinweis darauf benutzen, dass es wieder einmal an der Zeit ist, dich deiner Tigerfrau rückhaltlos zu verpflichten.

Damit ihr eure Bestimmung verwirklichen könnt, musst du den Teil deiner selbst zurückgewinnen, für den deine Tigerfrau steht, und sie muss den Teil ihrer selbst zurückgewinnen, für den du stehst. Dies bringt euch beiden die Ganzheit der Meisterschaft. Es hilft euch, sowohl einzeln als auch durch eure Beziehung zu einer Himmelstreppe für andere Menschen zu werden. Ihr begrüßt mit offenen Armen den inneren Hohepriester und die innere Hohepriesterin, hebt Menschen empor, damit sie Gott und den Himmel erfahren können, und bringt Gott und den Himmel zu ganz gewöhnlichen Menschen herab. Sonst wäre der Himmel zu weit entfernt.

Jedes Mal, wenn du deiner Tigerfrau vergibst, zu ihrer Heilung beiträgst, sie liebst oder dich mit ihr verbindest, gehst du einen Schritt auf ein höheres Maß an wechselseitiger Abhängigkeit und auf das goldene Leben zu, das dich erwartet, wenn du deine Bestimmung verwirklichst. Aus der Macht und der Verbindung heraus, die deiner Beziehung innewohnen, kannst du alle anderen Lebensziele erreichen. Diese Macht ist das Potenzial, das jeder Beziehung, insbesondere aber der Beziehung zu einer Tigerfrau innewohnt.

Eine Tigerfrau ist unermüdlich. Wenn sie den Weg kennt, schreitet sie immer weiter voran. Beziehungen können der schnellste Weg zu geistigem und auch zu jeder anderen Form von persönlichem Wachstum sein, wenn man sie nur richtig zu nutzen weiß. Es ist an dir, deine Beziehung zu der Himmelstreppe zu machen, die dich zum goldenen Leben und darüber hinaus führt. Du hast das Herz eines Tigers, denn sonst würdest du keine Tigerfrau lieben. Du kannst es schaffen. Mit der Hilfe des Himmels kannst du alles schaffen. Der Versuch, einige dieser Stadien aus eigener Kraft zu bewältigen, ist möglicherweise zu schwierig oder dauert zu lange. Um das goldene Leben zu erreichen, musst du jedoch so mühelos und so schnell wie nur irgend möglich durch alle diese Stadien hindurchgelangen. Wenn du dieses Ziel erreicht hast, wirst du erkennen, dass es noch höhere Stadien gibt, aber bereits das Erreichen des goldenen Lebens ist eine großartige Leistung. Das Maß deiner Meisterschaft entspricht dem Maß deiner Freude und dem Maß, in dem du einen Zustand des „no-mind" – also der Freiheit vom Denken oder vom Verstand – erreicht hast. Es ist das Maß, in dem du über die Dualität und die großen Spaltungen des Bewusstseins hinausgelangt bist, die Konflikte entstehen lassen.

Du gelangst mühelos durch alle Stadien hindurch, indem du alles, was nicht Liebe ist, als Werkzeug nutzt, um Heilung zu bewirken. Du hältst deine Energie auf deine Partnerin gerichtet, weil du erkennst, dass die Reize, die andere Frauen auf dich ausüben, dir zeigen, welche Eigenschaft deine Tigerfrau bald entwickelt, wenn du deine Energie auf sie gerichtet hältst. Verpflichte dich deiner Partnerin immer wieder so, als hättest du dich gerade zum ersten Mal in sie verliebt. Und wenn dir etwas unverständlich erscheint, bitte den Himmel um Hilfe, damit er es für dich auflösen kann.

Vom Engelchen zur Tigerfrau

Ich kenne etliche Männer, deren Partnerin sich im Laufe der Jahre von der reizenden jungen Frau, in die sie sich verliebt hatten, in eine Tigerfrau verwandelt hat. Dies kann eine ganze Reihe von Gründen haben. Vielleicht ist deine neu in Erscheinung getretene Tigerfrau in einer verbundenen Familie aufgewachsen, in der keine wirkliche Notwendigkeit bestand, sich zu ärgern oder aufzuregen. Eine Tigerfrau kann auch noch andere Veranlagungsmerkmale in sich tragen, wie sie im PDP-Persönlichkeitstest[1] beschrieben werden. Dazu zählen beispielsweise der Koala (die Liebenswerte), die Eule (die Lernende, die Forscherin), das Chamäleon (Anpassung an jede Situation) oder der Pfau (wirft sich gerne in Schale, um gut auszusehen). Es kann aber auch sein, dass sie ihre Tigernatur infolge einer Form von Missbrauch verdrängt hat. Das gilt oft auch für den Partner einer Tigerfrau. Eine Form von Missbrauch hat dich dazu gebracht, deine aggressiven Neigungen zu verurteilen und zu vergraben, und jetzt agiert deine Tigerfrau sie – scheinbar gegen deinen Willen – für dich aus. Ein Engelchen kann sich aber auch deshalb in eine Tigerfrau verwandeln, weil du sie unterbewusst dazu gebracht hast, damit ihre Leidenschaft und ihr inneres Feuer deinem Leben und deiner Beziehung ein wenig mehr Würze verleihen.

Die Entwicklung zu einer Tigerfrau geschieht mit Absicht, und diese Absicht verfolgt ihr beide. Deine Partnerin kann sich zur Tigerfrau entwickeln, weil sie das Bedürfnis hat, sich zu verteidigen, oder weil eine Neigung zur Konkurrenz zum Vorschein kommt, deren Ursprung in ihrer Herkunftsfamilie liegt, die sie in ihren bisherigen Beziehungen aber noch nicht geheilt hat. Du bist in dem Maße davon nicht betroffen, in dem du

---

1 Anm. der Übersetzerin: Ein von der Firma Professional DynaMetric Programs, Inc. (PDP) entwickelter Persönlichkeitstest.

dich bereits in Richtung wechselseitiger Abhängigkeit entwickelt hast, aber dir sollte dennoch bewusst sein, dass eine Beziehung dazu neigt, in ein Gleichgewicht zu gelangen und sich in der Mitte zwischen beiden Partnern einzupendeln. Die Verwandlung deiner Partnerin in eine Tigerfrau kann auch ein ganz natürlicher Vorgang sein, der mit ihrer persönlichen Entwicklung zusammenhängt und geschieht, wenn ihre Ausrichtung und ihre Lebensaufgabe klarer werden. In diesem Fall zählen Tigerqualitäten einfach zu den notwendigen Werkzeugen, die sie auf dem Weg in dieses Leben in ihren Rucksack gepackt hat. Deine Partnerin kann viele Jahre lang eine bezaubernde „Zuckerpuppe" gewesen sein. Jetzt entwickelt sie sich zur „Feuerspuckerin". Diese Verwandlung geschieht zwar seltener, kommt aber trotzdem oft genug vor. Wenn du es dir zum Ziel setzt, die beste Partnerschaft aller Zeiten aufzubauen, kannst du die Entwicklung deiner Partnerin zur Tigerfrau einfach als ein neues Kapitel eurer Beziehung betrachten und mühelos akzeptieren. Je mehr Verbundenheit du aufbaust, umso weniger explosive Ausbrüche negativer Art wird es geben.

Akzeptiere also, dass dein Engel sich in eine Tigerin verwandelt hat. Hin und wieder kommt der Engel noch zum Vorschein, wenn der „kleine Teufel" gerade nicht die Oberhand hat. Genieße den Entwicklungsprozess. Wenn du die Tigerin in ihr zurückweist, erreichst du damit in Wirklichkeit nur, dass die Verwandlung in eine Tigerfrau umso schneller vonstattengeht. Eine Tigerfrau, die abgelehnt wird, verwandelt sich früher oder später in eine Drachenfrau. Eine Drachenfrau, die abgelehnt wird, verwandelt sich in eine Teufelin … es liegt also ganz allein an dir! Du kannst sie zurückweisen oder es nicht tun. Wenn ich du wäre, würde ich den Weg der Tigerfrau allerdings annehmen und mich darüber freuen. Ich würde auf gar keinen Fall den anderen Weg einschlagen, denn wenn sie zur Drachenfrau wird, hast du nichts mehr zu lachen!

Tigerfrauen und Konkurrenz

Viele Tigerfrauen, die mir begegnet sind, waren in ihrer Kindheit nicht vom Schicksal begünstigt. Viele waren in den Augen ihrer Eltern weniger wert als ihre Brüder. Das zeigt einen Mangel an Verbundenheit und verstärkt die Konkurrenz innerhalb der Familie. Wir alle wachsen in der Regel in unverbundenen Familien auf. Wenn aufgrund dieses Mangels an Verbundenheit einem Kind der Vorzug vor einem anderen Kind gegeben wird, dann entsteht Konkurrenz, die wiederum den Mangel an Wert verstärkt. Das Ausmaß an Konkurrenz, das in einer Familie herrscht, entspricht dem Ausmaß, in dem es ihr an Gesundheit mangelt. Durch kulturelle Einflüsse wird diese Situation oft noch verschlimmert, wie es in vielen asiatischen Ländern der Fall ist, wo Jungen mehr wert sind als Mädchen. Mitunter hat es auch wirtschaftliche Gründe, wie zum Beispiel in Indien, wo ein Mädchen vielleicht nicht weniger geliebt wird, die Bereitstellung einer Mitgift ihrer Familie aber eine schwere Bürde auferlegt. In unverbundenen Familien wird den Jungen oft der Vorzug gegeben, und wenn dann ein Tigermädchen im Haus ist, kann sie mit ihren Brüdern in einen intensiven Konkurrenzkampf treten, um ihren Eltern zu zeigen, dass sie ihre Liebe verdient, weil sie alle Eigenschaften besitzt, die ihre Eltern an ihren Brüdern schätzen. Dieses Familienmuster hat zur Folge, dass eine Tigerfrau auch bei Männern ein sehr ausgeprägtes Konkurrenzverhalten an den Tag legt. Auf Beziehungen kann dies eine extrem zerstörerische Wirkung haben, da die Machtkämpfe und der Rückzug, der zu Leblosigkeit führt, von Konkurrenz herrühren. Konkurrenz ist eines der Hauptelemente des Egos, das stets will, dass wir über oder unter anderen Menschen stehen, ihnen aber nie ebenbürtig sind. Nähe geschieht, wenn Ebenbürtigkeit herrscht, und wo Ebenbürtigkeit und Nähe herrschen, dort löst das Ego sich immer mehr auf.

Ich habe festgestellt, dass Konkurrenz die wahre Ursache ist, wenn unser Partner uns wegen Unzulänglichkeit oder Verrat vermeintlich im Stich lässt oder enttäuscht. Wir gewinnen den Konkurrenzkampf und beweisen, dass wir besser sind als er. Auch in Situationen, in denen es so aussieht, als würde unser Partner gewinnen, kann diese Dynamik am Werk sein. In diesem Fall beweisen wir unsere moralische oder geistige Überlegenheit, obwohl es so aussieht, als würden wir den Konkurrenzkampf verlieren. Wenn unser Partner etwas tut, das uns verletzt, dann beweist das, dass er böse ist und wir gut sind. Er ist schuldig, während wir vollkommen unschuldig sind.

Konkurrenz ist ein Punkt, den wir alle heilen müssen, um Partnerschaft und familiäres Glück verwirklichen zu können. Tigerfrauen hassen Leblosigkeit noch mehr als die meisten anderen Menschen und erliegen schnell dem Versuch ihres Egos, Konkurrenz und Drama einzusetzen, um Spannung in ihr Leben zu bringen. Im Beziehungsstadium der Toten Zone bietet das Ego den Adrenalinstoß, der mit Gewinnen oder Verlieren einhergeht, als perfekten Abwehrmechanismus gegen die Leblosigkeit an. Tatsächlich erzeugt es aber noch mehr Leblosigkeit, weil wir uns, um nicht zu verlieren, früher oder später zurückziehen. Das Bedürfnis nach Adrenalin ist in diesem Stadium auch der Grund dafür, dass wir uns antreiben, weil die Alternativen, solange keine Heilung geschieht, entweder Leblosigkeit oder Depression sind.

Während Erfolg immer mit Gewinnen verbunden ist, ist Gewinnen, das auf Konkurrenz beruht, nicht immer mit Erfolg verbunden. Konkurrenz und die Form des Gewinnens, die von ihr herrührt, beruhen auf Angst und Mangel. Konkurrenz ist in Wirklichkeit eine Verzögerungsstrategie. Anstatt zu einem höheren Maß an Erfolg voranzugehen, versuchen wir, unseren Partner zu besiegen, so, als ob das ein Erfolg sei. Konkurrenz führt jedoch nur zu mehr Konkurrenz, und wenn deine Partnerin verliert, ist sie begierig darauf, dich beim nächsten Mal zu bezwingen oder sogar aus dem Hinterhalt zu überfallen. Konkurrenz beruht auf Angst. Sie beruht auf einem Glauben an Mangel und daran, dass nicht genug da ist, damit alle gewinnen können. Konkurrenz heilen heißt, die Angst offenzulegen, die sie antreibt. Konkurrenz misst dem Gewinnen eine Bedeutung bei und verschärft so den Teufelskreis aus Gewinnen und Verlieren, der uns zurückhält. Das wahre Ziel ist Erfolg, der eintritt, wenn wir zur Partnerschaft gelangen. Wenn eine Tigerfrau die Konkurrenz zugunsten von Partnerschaft und Zusammenarbeit aufgibt, dann kommt sie ihrer emotionalen Reife und natürlichen Führungsstärke einen großen Schritt näher. Wenn du die Konkurrenz aufgibst, dann gehst du auf dem Weg zur Partnerschaft auf natürliche Weise voran.

Die innere Angst
der Tigerfrau

Jeder, der angreift, hat Angst. Menschen, die angreifen, fühlen sich schwach und unzulänglich, und ihr Angriff dient dazu, diese Tatsache zu verschleiern. Eine Tigerfrau kann verärgert, tonangebend und sogar gebieterisch wirken, aber wenn sie angreift, wird offensichtlich, dass sie nicht das Gefühl hat, Herrin ihrer selbst oder der Situation zu sein.

Es gibt ein interessantes Prinzip, das du nutzen kannst, um herauszufinden, was ein anderer Mensch fühlt. Die Emotionen, die sein Verhalten in dir erzeugt, sind auch die Emotionen, die ihn antreiben, so zu handeln, wie er es tut. Denke jedoch daran, dass Ärger eine Emotion ist, die eine tiefere Emotion verbirgt, und belasse es nicht dabei. Schaue in die Tiefe, weil Ärger nur ein Teil der Antwort ist. Wenn du nicht einen ähnlichen Konflikt in dir trägst, den du unterdrückt hast und den deine Tigerfrau jetzt ausagiert, dann gerätst du auch nicht in einen Konflikt mit ihr. In diesem Fall kannst du liebevoll auf sie eingehen, um die Angst zu heilen, und ihr ein Gefühl der Sicherheit geben, um ihre Gefühle der Unzulänglichkeit zu überwinden.

Wenn deine Tigerfrau zornig, verstimmt oder gereizt ist, dann weist das auf einen ähnlichen Konflikt in dir selbst hin. Sie agiert die Seite des Konflikts aus, die du unterdrückt hast. Sie spiegelt das, was in dir verborgen liegt, und deshalb ist es hilfreich, gemeinsam mit deiner Tigerfrau an ihrer Heilung zu arbeiten und ihr unterstützend zur Seite zu stehen. Wenn du dich der Heilung verpflichtest, ist es weniger wahrscheinlich, dass du in eine Auseinandersetzung verwickelt wirst oder die Flucht ergreifst. Das eine wie das andere verstärkt sowohl den inneren als auch den äußeren Konflikt. Genau dann ist Heilung am stärksten gefordert, denn nur sie vermag dir Frieden zu bringen.

Eine heilende Übung, die ich besonders gerne mag, besteht darin, für ein Ereignis die volle Verantwortung zu übernehmen. Es fällt dir ganz leicht, das zu tun, wenn du erkennst, dass alles, was in deinem Leben geschieht, ein verstecktes Motiv deinerseits zeigt und mit deinem geheimen Einverständnis geschehen ist. Wenn ich die volle Verantwortung für ein Ereignis übernommen habe, dann lege ich es in die Hände des Himmels, damit er es für mich auflöst. Wenn ich die volle Verantwortung übernehme, gehe ich über Ärger, Verstimmung oder Selbstmitleid hinaus. Dann kann ich die Situation freiwillig dem Himmel übergeben, damit sie transformiert wird. Meist dauert es etwa zehn Minuten, bis ich davon befreit bin, und dass es geschehen ist, erkenne ich an dem inneren Frieden und dem Gefühl, dass alles sich in die richtige Richtung entwickelt.

Es ist wichtig, dir bewusst zu werden, dass deine Tigerfrau ein Spiegel deines Unterbewusstseins und deines Unbewussten ist. Sie ist ein Teil deiner selbst, was bedeutet, dass, wenn Heilung überhaupt möglich ist – und das ist sie immer –, du die Situation für euch beide voranbringen kannst. Heilung folgt dem Prinzip der Wirtschaftlichkeit. Wenn du in deiner Heilung einen Schritt vorangehst, habt ihr beide den Nutzen davon. Du kannst deine Beziehung auf diese Weise heilen, was zur Folge hat, dass sowohl du selbst als auch viele andere Menschen großen Gewinn daraus ziehen.

Illusion

Der Verlust der Verbundenheit bringt Trennung, und unsere Entscheidung für die Trennung ist das Ego. Trennung entsteht aus dem Wunsch heraus, etwas Besonderes zu sein. Trennung, die aus der Zerstörung der Verbundenheit folgt, ist jedoch sehr schmerzhaft. Unser Bedürfnis nach Besonderheit ist auf Schmerz aufgebaut, sodass die Befreiung davon bedeutet, uns von vergrabenem Schmerz zu befreien. Durch die Spaltung, die Trennung bewirkt, entsteht Schuld. Weil wir die Schuld nicht ertragen können, machen wir die Zerstörung der Verbundenheit anderen Menschen zum Vorwurf. Wir beschuldigen sie fälschlich, machen uns zu ihrem Opfer und rechtfertigen damit, dass wir uns zurückziehen, angreifen, die Kontrolle übernehmen und dafür sorgen, dass alles ganz genau so geschieht, wie wir es wollen. Wir hätten dem betreffenden Menschen in dieser Situation helfen können, aber stattdessen haben wir ihn benutzt. Wenn wir darauf beharren, nach Besonderheit zu streben, ist unser Leben von Opfern und Tätern erfüllt. Wenn wir den Menschen in unserer Umgebung diese Rollen zuweisen, dann weisen wir sie uns selbst zu.

Verbundenheit heißt, dass Liebe und Erfolg sich wie von selbst einstellen. Verbundenheit zeugt nicht von Distanz und Unterschiedlichkeit, sondern vielmehr von Ebenbürtigkeit und Partnerschaft. Verbundenheit und Besonderheit können jedoch nicht nebeneinander bestehen. Du kannst nur das eine oder das andere haben. Alle unsere Verletzungen bedeuten, dass wir uns insgeheim für Trennung und Besonderheit entschieden haben. Ehe du zu der Überzeugung gelangst, dass Besonderheit ihre Vorzüge hat, schaue dir genau an, was sie ist und was sie von dir fordert. Hast du dir dein Leben so vorgestellt?

Besonderheit ist die Funktion, die du dir selbst gegeben hast. Sie steht für dich allein als jemand, den du selbst erschaffen hast und der sich selbst erhält, der nichts braucht und der mit nichts jenseits des Körpers verbunden ist. In ihren Augen bist du ein separates Universum mit aller Macht, sich in sich selbst vollständig zu erhalten, mit sämtlichen Eingängen gegen jedes Eindringen verschlossen und allen Fenstern vor dem Licht versperrt. Stets angegriffen, immer wütend und mit stets vollauf gerechtfertigtem Zorn hast du dieses Ziel mit einer Wachsamkeit verfolgt, die du nie aufzugeben, und mit einer Mühe, die du nie einzustellen dachtest. Und diese ganze finstere Entschlossenheit war dafür da: Du wolltest, dass Besonderheit die Wahrheit sei.

Ein Kurs in Wundern

Wenn wir die Verbundenheit opfern, um unsere Selbstkonzepte zu stärken, zahlen wir einen Preis. Der Schmerz, die Schuld und die Schuldzuweisungen, die aus der falschen Entscheidung, die Verbundenheit aufzugeben, heraus entstehen, sind mit Angst, Bedürfnis, Gefühlen der Unzulänglichkeit und Illusion verbunden. Illusion ist falsche Wahrnehmung. Wir glauben, es sei eine Stufe nach oben, aber in Wirklichkeit ist es eine Treppe, die abwärts führt. Die schmerzhaften Folgen sind unvermeidlich.

Der Angriff deiner Tigerfrau beruht auf einer falschen Wahrnehmung. Sie fühlt sich bedroht und hat Angst, auch wenn ihr Verhalten möglicherweise von Dominanz und Unabhängigkeit geprägt ist, aber Dominanz, das Bedürfnis nach Kontrolle und Unabhängigkeit rühren von Angst her. Wenn du nicht in dir ruhst und ihren Angriff nicht als Hilferuf wahrnehmen kannst, dann nimmst auch du falsch wahr. Er gibt dir die Gelegenheit, eine alte Angst in dir selbst zu heilen, die du in Form der Situation, in der du dich befindest und in der deine Tigerfrau dich angreift, nach außen projiziert hast. Du hast die Chance, ins Gleichgewicht zu gelangen, die Chance, einen Anteil deiner selbst zurückzugewinnen, den du verloren und durch Schuld und Angst geschützt hast. Deine Tigerfrau gibt dir die Gelegenheit, diesen Anteil deiner selbst zurückzugewinnen. Alles andere erhält den ursprünglichen Fehler aufrecht, der in der Entscheidung für die Besonderheit besteht.

Ein Kurs in Wundern fasst diese Entscheidung wie folgt in Worte:

> Vergiss nicht, dass die Heilung des GOTTESSOHNES das Einzige ist, wozu die Welt dient ... Solange du die Heilung des SOHNES nicht als das Einzige ansiehst, von dem du möchtest, dass es durch die Welt, die Zeit und alle Erscheinungen vollbracht werde, wirst du weder den VATER noch dich selbst erkennen. Denn du wirst die Welt für das verwenden, was nicht ihr Zweck ist, und wirst ihren Gesetzen der Gewalt sowie des Todes nicht entrinnen.

Der *Kurs* fährt fort, indem er über Fehler spricht, die andere Menschen machen:

> Seine Irrtümer können weder ihm den Segen GOTTES vorenthalten noch dir, der du ihn wahrheitsgemäß siehst. Seine Fehler können eine Verzögerung verursachen, die ihm zu nehmen dir gegeben ist ...

Wenn ein anderer Mensch dich angreift, dann deshalb, weil er sich bedroht fühlt, und das gehört ins Reich von Angst und Illusion.

> Und er hat die Macht zu denken, dass er verletzt werden kann. Was sonst könnte das sein als eine Fehlwahrnehmung seiner selbst? Ist das eine Sünde oder ein Fehler, verzeihlich oder nicht? Und braucht er Hilfe oder Verurteilung? Ist es deine Zielsetzung, dass er erlöst oder verdammt werde? Und dabei sollst du nicht vergessen, dass die Wahl dessen, was er für dich ist, die Wahl deiner Zukunft sein wird.
>
> *Ein Kurs in Wundern*

Wahrnehmung

In der Quantenphysik ist die Rede davon, dass die Realität, die wir vor uns sehen, von unseren Entscheidungen herrührt, weil das, was wir wirklich vor uns sehen, Lichtwellen sind. In *Ein Kurs in Wundern* heißt es, dass wir uns vom Licht des Einsseins – von Gott und der Liebe – abgewandt haben. Wir wollten, dass uns Besonderheit gewährt wird, und wurden abgewiesen. Es war eine Bitte um Angst, Dunkelheit, Machtlosigkeit und Schmerz, die Gott, der das höchste Licht, die höchste Liebe, höchste Macht und höchste Freude ist, unmöglich gewähren kann. Kein Mensch (geschweige denn Gott) würde seinen Kindern diese Dinge geben. Unsere Wahrnehmung ist also unsere Entscheidung:

> Du siehst das, wovon du glaubst, es sei da, und du glaubst, es sei da, weil du es da haben willst. Die Wahrnehmung hat kein anderes Gesetz als dieses ... Wahrnehmung beruht auf Wählen.
>
> *Ein Kurs in Wundern*

Unsere Wahrnehmung ist entweder richtig und erkennt die Liebe oder den Ruf nach Liebe, oder sie ist eine falsche Wahl, die unsere Besonderheit dadurch nährt, dass wir uns für anders und besser halten. Wir haben den Blick der Liebe oder den Blick des Hasses. Wir schauen durch die Augen der Vergebung oder durch die Augen der Angst. Wir versuchen zu nehmen und entscheiden uns für Selbstüberhöhung und Trennung, oder wir entscheiden uns dafür zu geben, uns zu verbinden und uns mit unserer Wahrnehmung zu vereinigen. Wenn du diese Prinzipien auf deine Tigerfrau anwendest, dann frage dich, was du sehen willst: eine Partnerin, die Hilfe braucht, oder jemanden, der beweist, dass du von euch beiden der bessere Mensch bist? Strebst du danach, deine eigenen Bedürfnisse und die Bedürfnisse deiner Tigerfrau zu heilen, oder willst du nur deine eigenen Bedürfnisse erfüllen? Verantwortung für deine Wahrnehmung zu übernehmen und den Himmel darum zu bitten, diese ursprünglichen Muster zu verändern, ist eine machtvolle Geisteshaltung, die tiefe Heilung in deiner Beziehung bewirken kann. Was willst du?

Die Wahl zwischen Himmel und Hölle

Es ist wichtig, dir die Frage zu stellen: „Will ich in der Beziehung zu meiner Tigerfrau den Himmel oder die Hölle erleben?" Wenn du dich für den Himmel entscheidest, dann wählst du den Beziehungsweg der Vergebung, Verpflichtung und Verbindung. Wenn du dich für die Hölle entscheidest, dann entscheidest du dich für den Glauben, deine Tigerfrau sei böse oder im Unrecht. Sie ist schuldig. Du greifst im gleichen Maße an, in dem sie angreift, aber dein Angriff liegt tiefer in Urteil, Opferhaltung, Rückzug oder „gerechtfertigter" Aggression verborgen. Du gibst deiner Unabhängigkeit, Besonderheit und Überlegenheit den Vorzug vor deiner Beziehung. An diesem Punkt musst du dich wirklich fragen: „Zu welchem Zweck benutze ich die Beziehung?" Um zu beweisen, dass du der beste Mensch auf Erden bist oder dass sie weniger wert ist als du? Oder benutzt du sie, um zu erkennen, dass sie dein Spiegel ist und dass deine Meinung von ihr der Meinung entspricht, die du von dir selbst hast?

Welchem Zweck dient deine Beziehung? Wie benutzt du sie? Besonderheit oder Liebe?

> Wie verbittert verteidigt jeder, der an diese Welt gebunden ist, die Besonderheit, von der er wünscht, dass sie die Wahrheit sei! … Keine Mühe ist zu groß, keine Kosten sind zu hoch, kein Preis ist zu teuer, um seine Besonderheit vor der geringsten Kränkung, dem winzigsten Angriff, einem geraunten Zweifel, dem Andeuten einer Drohung oder irgendetwas, was nicht tiefste Ehrerbietung ist, zu retten.
>
> *Ein Kurs in Wundern*

Auch wenn du dich grundsätzlich für den Weg des Himmels entschieden hast, ist es immer dann, wenn etwas hochkommt, sei es ein Streit oder eine Form von Leblosigkeit in der Beziehung, an der Zeit, deine ursprüngliche Entscheidung für die Liebe und den Himmel nochmals zu bestätigen, denn wenn du nicht auf deine Partnerin zugehst, dann entfernst du dich von ihr. Und du bist derjenige, der entscheidet, was sie in eurer Beziehung für dich ist. Im folgenden Auszug aus Kapitel 25 von *Ein Kurs in Wundern* steht etwas, das für jede Beziehung gilt, auf die Beziehung mit einer Tigerfrau aber in besonderem Maße zutreffend scheint. Dort ist die Rede davon, ob du dafür sorgst, dass ein anderer Mensch dein Retter oder das Gegenteil ist.

> Indem du ihm vergibst, schenkt dein Erlöser dir Erlösung. Verurteilst du ihn, dann schenkt er dir den Tod. In jedem siehst du nur das Spiegelbild dessen, was du beschlossest, dass er für dich sei. …
> So gehst du auf den Himmel oder auf die Hölle zu, doch nicht allein. …
> Vergiss das aber nicht: Die Rolle, die du ihm gibst, wird auch dir gegeben. Du wirst den Weg gehen, den du ihm gewiesen hast, weil das dein Urteil über dich selber ist.

Ausschlaggebend für den Erfolg in der Beziehung zu deiner Tigerfrau – und, was das angeht, in der Beziehung zu allen Menschen – ist also die Entscheidung, die du triffst, wenn es um dein Verhalten in der Beziehung geht. Wir alle tragen Kammern der Dunkelheit in uns. Es sind Orte, an denen wir Trennung, Schuld und Schuldzuweisungen den Vorzug gegeben haben vor Liebe und vor der Fähigkeit, die eigenen Gaben zu verwirklichen. Sie treten erneut in Erscheinung, wenn du in deiner jetzigen Beziehung deiner Partnerin näher kommst, denn Beziehungen dienen dem Zweck, die Ganzheit wiederherzustellen. Die alten Spaltungen treten zutage, damit du dich diesmal für die Wahrheit entscheiden und dort glücklich sein kannst, wo es zuvor nur Schmerz gab.

Tigerfrauen und Projektion

Unser Ego ist so beschaffen, dass es glaubt, alles, was es an uns verurteilt, abspalten zu können. Darauf folgen Verdrängung und Projektion nach außen auf andere Menschen und die Welt. Das Gesetz der Wahrnehmung besagt, dass wir das sehen, was wir zu sein glauben. Wenn du es sehen kannst, dann glaubst du es von dir selber oder, wie das Sprichwort lautet: „Ein Esel schimpft den anderen Langohr." Die Erkenntnis dieses Prinzips gibt dir die Fähigkeit zurück, Heilung und Ganzheit zu bewirken. Projektion zu heilen kann dir, deiner Tigerfrau und eurer Beziehung großen Nutzen bringen.

Deine Tigerfrau steht für die unterbewusste oder unbewusste Überzeugung, die du von dir selbst hast. Sie hat dich angezogen wie ein Magnet. Du trägst einen Tiger in dir, der darauf wartet, herausgelassen zu werden, aber diese Seite deiner selbst hast du verurteilt und von deiner Identität, wie du sie kennst, abgespalten. Je mehr du deiner Tigerfrau vergibst, je mehr du dich ihr verpflichtest, je mehr du sie akzeptierst, je mehr du dich mit ihr verbindest und je mehr es dir gelingt, das zurückzugewinnen, was du nach außen projiziert hattest, umso mehr bekommst du in Form von Frieden und Ganzheit, Selbstvertrauen und Unschuld zurück. Und schließlich, je mehr du deiner Tigerfrau vertraust, umso mehr vertraust du auch dem Tiger in dir, und diese Kraft tritt nicht als Aggression, sondern als Autorität und Selbstvertrauen in Erscheinung.

Du bist hier, um dich selbst zurückzugewinnen. Du bist hier, um den Tiger in dir zu lieben und ihn dadurch aus seiner Isolation zu befreien. Du bist hier, um dich mit der Tigerfrau in deinem Leben zu verbinden, weil nur das ihre Aggression zähmen und bündeln und damit in wahre Macht verwandeln kann. Du bist hier, um mit deiner Liebe ihr gebrochenes Herz und ihre zerstörten Träume zu heilen, denn dadurch werden ihr Angriff und ihr Selbstangriff in die Macht verwandelt, die unerlässlich ist, um ihre

Lebensaufgabe zu erfüllen und ihre Bestimmung zu verwirklichen. Und wenn es ihr gelungen ist und sie in ihrer Größe, Herrlichkeit und Erhabenheit dasteht, wirst du stolz auf sie sein und wissen, dass deine Liebe und Unterstützung dazu beigetragen haben, dass sie zur Ganzheit gelangen konnte. Dadurch, dass du ihr wahrer Partner bist, wird sie deine wahre Partnerin. Wenn du zu ihrem wahren Mann wirst, wird sie zu deiner wahren Frau. Je mehr du sie ermächtigst, umso mehr wird sie zu dem Kraftzentrum, das ihre wahre Natur ist. Sie wird zum Stern, zur Heilerin und Visionärin und schließlich zur Mystikerin, zur lebendigen Brücke zwischen Himmel und Erde, zu einer Pionierin, die den Weg zurück ins Paradies findet.

Achte darauf, dass du den Weg der Heilung einschlägst, denn es ist das, was dich und deine Tigerfrau retten und euch damit ein höheres Maß an Frieden und Glück bringen wird. Alles, was nicht Liebe ist, ist etwas, das der Heilung in euch bedarf. Denke daran, dass, wenn du ein Problem erkennst, es dein Problem ist. Rumi, der islamische Mystiker, hat einmal gesagt: „Du bist sowohl der Spiegel als auch das Gesicht, das du darin erblickst."

Die folgende Übung zur Heilung von Projektion hat innerhalb von fünfzehn Minuten eine Ehe gerettet. Nachdem ein Paar vierzig Minuten lang gestritten und sich in den Haaren gelegen hatte, ohne mich zu Wort kommen zu lassen, brachte ich sie schließlich dazu, mir fünf Dinge zu sagen, die sie an dem jeweils anderen nicht ausstehen konnten. Dann forderte ich sie auf, die Projektion zurückzuziehen und anzuerkennen. Nachdem der Ehemann beispielsweise erklärt hatte, er halte seine Frau für hartherzig, forderte ich ihn auf, diese Projektion zurückzuziehen. Dann bat ich ihn, einmal zu prüfen, welche der folgenden drei Verhaltensformen er selbst benutzte, wenn es um das Verhalten seiner Frau und das dazugehörige Selbstkonzept ging.

1. Ist er ebenfalls hartherzig?
2. Würde er lieber sterben, als hartherzig zu sein? Wenn ja, dann ist das ein sicheres Anzeichen dafür, dass er dieses Verhalten kompensiert. Er handelt auf entgegengesetzte Weise, um die Überzeugung, die er von sich selbst hat, zu verschleiern.
3. Bedient er sich beider Formen?

Sobald er erkannt hatte, dass er diese Eigenschaft tatsächlich selbst in sich trug oder ausagierte, bat ich ihn, sich bewusstzumachen, in welchem Maße er sich für dieses Selbstkonzept selbst folterte. Dann fragte ich ihn, ob er sich dieser Selbstfolter noch länger unterwerfen oder lieber seine Frau unterstützen wolle. Natürlich entschied er sich dafür, ihr zu helfen und sie zu unterstützen. Er ging zu ihr und nahm sie in die Arme, um seine Absicht zu untermauern. Dann war es an seiner Frau, eine der Projektionen zurückzuziehen, die auf ihrer Liste standen. Sie erkannten beide schnell, worum es in der Übung ging, und arbeiteten ihre Listen innerhalb von nur fünfzehn Minuten ab. In den letzten fünf Minuten fingen sie an, ihre nächsten Flitterwochen auf Hawaii zu planen.

Führe diese Übung nun selbst durch. Liste die fünf Eigenschaften auf, die du an deiner Partnerin am wenigsten magst. Ziehe jede Projektion zurück, eine nach der anderen. Schaue dir danach an, in welcher Form du selbst mit der jeweiligen Eigenschaft umgegangen bist.

1. Ja, du tust es auch.
2. Nein! Du würdest eher sterben, ehe du so etwas tust.
3. Beides.

Erkenne dann, wie sehr du dich, unabhängig davon, in welcher Form du mit der fraglichen Eigenschaft umgegangen bist, selbst folterst. Entscheide dich, ob du das Problem bestehen lassen und dich weiterhin foltern willst oder ob du deiner Tigerfrau helfen und sie unterstützen willst. Es ist eine einfache Übung, die aber tiefgreifende Erfolge erzielt.

Ich habe erst einmal erlebt, dass diese Übung nicht funktioniert hat. Nach drei vergeblichen Versuchen fragte ich schließlich die Frau, weshalb sie das Bild, das sie von ihrem Mann hatte, unbedingt aufrechterhalten wollte. Sie erwiderte: „Weil ich dann unabhängig sein kann und weil es mir die Möglichkeit gibt, etwas Besonderes zu sein. Außerdem fühle ich mich überlegen und kann die Beziehung kontrollieren." Nachdem sie darüber nachgedacht hatte, welche Negativität diese Einstellung in ihrer Beziehung hervorrief, traf sie jedoch kurz darauf eine andere Entscheidung.

Verwundete Tigerfrauen

Verletzte Tiger sind Menschenfresser. Wenn deine Partnerin eine Tigerfrau ist, hast du vermutlich jedoch ein Seelenversprechen gegeben, sie vor sich selbst zu retten. Das erreichst du am einfachsten, indem du Seelengaben mit ihr teilst. Du kannst ihr deine eigenen Gaben und die Gaben des Himmels geben. Sobald du an deine Tigerfrau denkst, sende ihr deine Liebe. Sobald du an sie denkst, stelle dir vor, wie dein inneres Licht sich mit ihrem inneren Licht verbindet und vereint. Rette sie, und du hast eine Tigerfrau, die dich unterstützt und dir den Rücken so gut freihält, wie eine Partnerin es nur vermag.

Lehre sie emotionale Integrität und hilf ihr, jeden Angriff zugunsten höherer und unmittelbarer Belohnungen aufzugeben. Sie emotionale Integrität zu lehren heißt, emotionale Integrität zu beweisen, indem du sie erlernst. Verpflichte dich emotionaler Intelligenz und emotionaler Integrität. Auf einer unbewussten Ebene steht deine Tigerfrau für deine Selbstkonzepte.

Eine Methode der Heilung besteht darin, deinen eigenen versteckten Tiger mit dem Tier zu integrieren, mit dem du dich am stärksten identifizierst, wie etwa Tiger und Bär, Tiger und Adler oder Tiger und Pfau. Das bringt nicht nur dich ins Gleichgewicht, sondern hilft auch ihr, in ein Gleichgewicht zu gelangen. Um es zu erreichen, stelle dir vor, dass alle Tiger, für die deine Tigerfrau steht, schmelzen, bis nur noch ihre reine Energie übrig bleibt. Stelle dir dann vor, dass auch deine Krafttiere – Frosch, Eber, Eule, Koala oder Schlange – schmelzen, bis nur noch ihre reine Energie übrig bleibt. Verbinde die Energie der Tiger dann mit der Energie deiner Krafttiere und lasse diese vereinigten Energien in euch beide einströmen. Immer wenn du diese Übung durchführst, kommst du dem Gleichgewicht deiner Beziehung einen Schritt näher.

Wenn eine Tigerfrau angreift

Deine Tigerfrau kann wegen aller möglichen Dinge angreifen: Langeweile, sexueller Mangel, Gekränktheit, Eifersucht, astrale Energien oder zu viel Alkohol. All diesen Dingen liegt aber ein gemeinsamer Nenner zugrunde: *Deine Tigerfrau fühlt sich vernachlässigt.* Wenn er nicht versteht, was vorgeht, zieht der Partner einer Tigerfrau sich oft zurück oder nimmt den Angriff sogar persönlich und fühlt sich verletzt. Wenn du so reagierst, vertust du jedoch eine Chance. Wenn deine Tigerfrau angreift und du erkennst, dass sie vernachlässigt hast, kannst du dich einfach wieder neu verpflichten, sie zu lieben. Wenn deine Tigerfrau sich geliebt fühlt, wird ihre aggressive Energie in Produktivität oder Kreativität umgewandelt. Je mehr Liebe du deiner Tigerfrau entgegenbringst, umso mehr gelingt es dir, eine starke, kraftvolle Beziehung aufzubauen.

Wie alle Menschen greift eine Tigerfrau an, wenn sie glaubt, jemand wolle sie einer Sache berauben, die sie verdient. Zorn ist der Versuch, einen anderen Menschen zu kontrollieren, ihm das abzuringen, was er uns vorenthält. Er wird zum „Feind", der in seinem Körper das verbirgt, was wir brauchen. Sein Körper ist zu einem Versteck für das geworden, was in Wirklichkeit uns gehört. Nun verbirgt unser Angriff den unbewussten Glauben, dass sein Körper geopfert und zerstört werden muss. Eine Tigerfrau ist also überzeugt, dass ihr Partner sie verraten hat und dass sie aus reiner Notwehr handelt.

Unser Angriff – jeder Angriff – verbirgt die heimliche, unbewusste Absicht, den Menschen, den wir angreifen, zu töten. Wir glauben, dass er es verdient hat, weil er aus reiner Bosheit etwas versteckt hat, das uns gehört, sodass die Rache, die wir an ihm üben, gerechtfertigt ist. Er hat uns des Lebenssinns beraubt, der alchemistischen Zutat, die das Leben lebenswert macht. Und wenn wir uns nicht verpflichtet haben, unsere Beziehung zu einer Himmelsleiter zu machen, und sie dem Himmel übergeben haben, dann besteht der einzige Zweck jeder Beziehung irgendwann nur noch darin, das zu nehmen, was unser Partner uns vorenthalten hat, damit wir es selbst besitzen können. Obwohl wir das, was unserer Meinung nach von entscheidender Bedeutung für unser Leben ist, nie vollständig in Besitz nehmen können, kann es passieren, dass wir, wenn wir endlich doch genug von dem bekommen haben, was wir zu brauchen glaubten, und zum unabhängigen Partner geworden sind, eine neue Beziehung suchen und unseren jetzigen durch einen neuen Partner ersetzen. Von dieser Dynamik habe ich erstmals in *Ein Kurs in Wundern* gelesen und danach in vielen Paarberatungen festgestellt, dass sie der Wahrheit entspricht.

Jede Form von Angriff, ob direkte Aggression, Rückzug, passive Aggression oder Opferhaltung, rührt daher, dass wir, um unseren eigenen Hass zu verbergen, den Hass wahrnehmen, den ein anderer Mensch in sich trägt. Oft verstecken wir die Tatsache, dass wir angreifen, weil Angriff für uns nicht akzeptabel ist. Obwohl wir auf der bewussten Ebene nicht angreifen wollen, rechtfertigen wir unseren Angriff dennoch damit, dass wir von unserem „Feind", der uns etwas vorenthält, dazu gezwungen wurden.

Freud sprach davon, dass das Unterbewusstsein der Schlupfwinkel für nicht akzeptable Gedanken und Gefühle ist, insbesondere dann, wenn sie mit Angriff und Sex zu tun haben. Das hat zur Folge, dass wir aufgrund der Dinge, die wir in unserem eigenen Bewusstsein abgespalten haben, alle möglichen Schattenfiguren nach außen projizieren: Angreifer, mutwillige Vorenthalter, Hasser, Mörder, Diebe, Verräter und Nehmer.

Wenn wir ein wenig nachdenken und dann die Geschichte unseres Lebens erzählen würden, dann würden wir erkennen, dass alle negativen Dinge, die uns zugestoßen sind, in Wirklichkeit dieses verborgene, aber entscheidende Element des Angriffs mit Tötungsabsicht enthalten. Wenn wir dieses verdrängte Element anerkennen, uns dafür aber trotzdem nicht angreifen würden (ein Trick des Egos, um Veränderung zu verhindern), dann würde infolge dieser Bewusstheit unser höheres Bewusstsein sofort damit beginnen, es zu berichtigen. Wir würden alles zutage fördern und auflösen, was in unserem Unterbewusstsein und in unserem Unbewussten verborgen liegt.

Alle Schattenfiguren bergen Hass in sich. Es sind Selbstkonzepte, für die wir uns selbst angreifen. Alle Selbstkonzepte bergen Schuld in sich, deren Ursache in der Trennung liegt, die zur Erschaffung des Konzepts geführt hat, in dem wir uns als getrenntes Selbst sehen. Wir glauben, ein Selbstkonzept sei völlig normal – dazu da, eine Identität zu schaffen –, aber genau das trennt uns von uns selbst, von anderen Menschen und von Gott. Wir haben also Selbstkonzepte, die wir für normal halten und für die wir uns angreifen, und wir haben Schattenfiguren, bei denen es sich um Selbstkonzepte handelt, für die wir uns hassen. So tragen wir beispielsweise sowohl Selbstkonzepte des „Nehmers" als auch Schattenfiguren des „Nehmers" in uns, und der einzige Unterschied zwischen den beiden besteht darin, in welchem Maße wir uns dafür angreifen und in welchem Maße wir die Schattenfigur verurteilen und verdrängen.

Eine Schattenfigur halten wir für schlecht und bestrafen uns selbst dafür. Ein Selbstkonzept halten wir dagegen für normal, verbergen es und bestrafen uns in geringerem Maße dafür. Eine wirksame Möglichkeit, diese Selbstkonzepte und Schattenfiguren zu entdecken und zu heilen, besteht darin, herauszufinden, was sie verbergen.

Nehmen wir den „Mörder", eine häufige Schattenfigur, die tief verdrängt und in hohem Maße kompensiert wird. Wenn es um Menschen geht, die eine wichtige Rolle in unserem Leben spielen, ist sie auf unterbewussten Ebenen zu finden, und wenn es um Gott geht, verbirgt sie sich auf der unbewussten Ebene. Frage dich, wie viele unterbewusste und wie viele unbewusste *Schattenfiguren des Mörders* du in dir trägst. Das Unterbewusstsein birgt alle versteckten Muster und verdrängten Entscheidungen, die du seit deiner Empfängnis getroffen hast. Das Unbewusste enthält dagegen alle Ahnen- und Seelenmuster, die du in Form von Lektionen in dieses Leben mitgebracht hast. Stelle dir nun vor, dass sich alle Schattenfiguren des Mörders rechts von dir nebeneinander aufstellen. Frage dich dann, wie viele unterbewusste und unbewusste *Selbstkonzepte des Mörders* du in dir trägst, und stelle dir vor, dass sie sich links von dir nebeneinander aufstellen. Stelle dir dann vor, dass alle unterbewussten und unbewussten Selbstkonzepte des Mörders zu einem einzigen großen Selbstkonzept des Mörders verschmelzen, das auf deiner linken Seite steht, und dass alle unterbewussten und unbewussten Schattenfiguren des Mörders zu einer einzigen großen Schattenfigur des Mörders verschmelzen, die auf deiner rechten Seite steht. Ganz zum Schluss lasse dann das Selbstkonzept des Mörders und die Schattenfigur des Mörders miteinander verschmelzen.

Stelle dir nun vor, dass du, ich und der Himmel auf dieses Bild des Mörders zugehen. Es ist ein Hologramm. Es ist weder real noch massiv. Es ist eine Illusion, eine dreidimensionale Projektion, die das Ego benutzt, um Pforten der Initiation vor uns zu verbergen, mit deren Hilfe wir verlorene Anteile unseres Bewusstseins zurückerlangen würden. Wir wollen in das Hologramm hineintreten, die Pforte finden und hindurchgehen. Wohin führt sie?

Meist führt sie ins Licht oder zu verzauberten Orten in der Natur. Nur selten führt sie an einen dunklen Ort. Sollte dies bei dir doch einmal der Fall sein, bitte den Himmel und dein höheres Bewusstsein ganz einfach darum, ihn für dich zu transformieren. Wenn du dich von Schattenfiguren und Selbstkonzepten befreist, beseitigst du gleichzeitig auch einen Teil der Programmierung, die bewirkt, dass du dich selbst und andere Menschen angreifst. Diese heilende Übung eignet sich sehr gut für die häufigen Schattenfiguren und Selbstkonzepte des Nehmers, des Diebs, des Vorenthalters, des Verräters und des Opfers, die wir in uns tragen. Sie ist aber auch für alle anderen Schattenfiguren geeignet. Besonders hilfreich ist sie, wenn du deine Tigerfrau zur Schattenfigur gemacht hast.

Opferdynamiken

Zu den Kerndynamiken der Opferhaltung gehört, dass wir dafür sorgen, dass wir angegriffen oder vernachlässigt werden, um die Schuld zu tilgen, die immer dann entsteht, wenn wir uns trennen. Eine weitere Kerndynamik besteht darin, dass wir beweisen wollen, dass wir das „unschuldige Opfer" sind, während unser Angreifer oder derjenige, der uns vernachlässigt hat, ein „schlechter Mensch" ist. Wir sind der gute Mensch. Wir sind Gottes braves Kind. Gottes Urteil und all sein Zorn sollten sich gegen ihn richten, nicht gegen uns. Tief innen verbirgt sich im Opfer jedoch ein ebenso hohes Maß an Angriff und Rachegefühlen wie im Täter. Das gilt es zu heilen. Wenn wir inneren Frieden haben und glücklich sein wollen, müssen wir jede Form von Angriff aufgeben. Weil das Fundament des Egos aus Angriff und Selbstangriff besteht, die mit Schuld einen Teufelskreis bilden, sollten wir vergeben, statt anzugreifen, lieben, statt zu hassen, geben, statt zu nehmen, segnen, statt zu verurteilen. Nur so können wir uns von dem Angriff befreien, der unseren Glauben an Dualität und Trennung und dadurch auch unser Leiden noch weiter verstärkt.

Die Angriffe, die deine Tigerfrau gegen dich führt, sind deine verborgenen Angriffe gegen andere Menschen und gegen dich selbst. Es sind die „Morde", die du vor dir selbst verbirgst. Obwohl auch deine „gerechtfertigten Angriffe" deine Tötungsabsicht verbergen, ist es an der Zeit, dir und deiner Tigerfrau zu vergeben. Statt anzugreifen, könntest du zulassen, dass der Himmel deine Lebensgeschichte und deine Beziehung neu schreibt.

Wir greifen an und kämpfen, weil wir glauben, dass es etwas zu gewinnen gibt. Wir glauben, den Sieg davontragen zu können. Das ist der Beweis, dass wir ein ganz besonderer Mensch sind und das Recht haben, alle die anzugreifen, die unter uns stehen. Auch wenn unsere Tigerfrau diejenige ist, die angreift, greifen wir in gleichem Maße an, wenn wir sie verurteilen, statt ihr zu helfen. Wir sollten ihr daher dankbar sein, denn sie agiert unseren *heimlichen* Angriff aus, den wir verstecken und verschleiern. Um eine erfolgreiche Beziehung zu führen, müssen wir uns dieser versteckten Kammern der Dunkelheit und des Angriffs entledigen. Unsere Tigerfrau kann uns nicht nur unseren alten Schmerz zeigen, sondern auch den versteckten Angreifer, den wir in uns tragen. Wenn wir uns für einen solchen Angriff nicht verurteilen, werden wir beide von diesem Zyklus aus Leugnung und Angriff befreit. Wenn wir unsere Beziehung nicht benutzen, um unsere eigene Besonderheit zu stärken, sondern uns verpflichten, sie zu einer Himmelsleiter zu machen, dann besteht das Ziel in Liebe, Glücklichsein und Erhabenheit anstelle von Überlegenheit und Selbstüberhöhung.

Wenn du von einer Tigerfrau angegriffen wirst

In diesem Kapitel möchte ich eine Methode vorstellen, die dir helfen kann, den Angriff einer Tigerfrau zu überleben. Wie im realen Leben ist es völlig falsch, vor einer Tigerfrau davonzulaufen, weil sie sich gerade dann auf dich stürzt. Tiger sehen so wild aus, dass ihre Beute fast immer sofort die Flucht ergreift, aber das ist keine gute Idee.

Wenn deine Tigerfrau angreift, frage dich, was sie fühlen muss, um sich so zu verhalten, wie sie es tut. Wenn du keine Antwort findest, durchleuchte deine eigenen Gefühle. Die Gefühle, die ihr Angriff in dir auslöst, geben dir einen sehr klaren Hinweis auf das, was sie fühlt. Du kannst dir sogar vorstellen, was du selbst fühlen müsstest, um dich so zu verhalten, wie sie es tut, denn auch das ist eine Möglichkeit, besser zu verstehen, was in ihr vorgeht. Verstehen hilft dir, auf sie einzugehen, wenn sie emotional reagiert. Wenn du wirklich verstehst, was vor sich geht, dann gibt es kein Urteil, sondern nur Mitgefühl. Wenn deine Tigerfrau dich angreift, dann frage dich intuitiv, was sie braucht, und lasse es in sie einströmen. Du kannst die Gabe auch vom Himmel empfangen und in sie einströmen lassen. Auch wenn sie – wie es manchmal der Fall ist – ihre Angriffe auf dich nicht sofort einstellt, wird sie dich wegen dieses Themas in der Regel aber nicht noch einmal auf diese Weise angreifen.

Diese Übung ist auch sehr gut geeignet, wenn deine Tigerfrau oder jemand anderer in deiner Umgebung sich dauernd beschwert. Statt ans Telefon gefesselt zu sein, während dein Vater sich beklagt, dein bester Freund nörgelt oder deine Tigerfrau dich zur Schnecke macht, lasse einfach das in sie einströmen, was sie deiner Meinung nach brauchen. Ich habe dies mit einem Verwandten praktiziert, der Weltmeister im Sichbeschweren war. Nachdem er zehn Minuten geschimpft hatte, sagte er plötzlich: „Aber sicher willst du alle diese Klagen gar nicht hören. Lass uns über etwas anderes reden." Das hatte er noch nie getan. Es war wie ein kleines Wunder.

Wenn deine Tigerfrau angreift, laufe nicht davon, sondern lasse Liebe in sie einströmen. Reagiere nicht mit einem Gegenangriff. Auch wenn Tigerfrauen sich gerne streiten und Probleme oft über Konflikte lösen, reagieren sie noch stärker auf Liebe, die ihnen aufrichtig entgegengebracht wird. Wenn du Liebe in deine Tigerfrau einströmen lässt, während sie angreift, dann bedankt sie sich meist am nächsten oder übernächsten Tag bei dir, weil sie über die Situation nachgedacht hat, in der du sie nicht angegriffen hast. Menschen greifen gemeinhin an, wenn sie sich schwach fühlen. Eine Tigerfrau greift an, wenn sie sich bedürftig fühlt. Um die Kontrolle zu behalten, wehrt sie sich gegen das Gefühl und wird stattdessen wütend. Durch dein Verständnis kannst du den Angriff abkürzen und ihr helfen, in ihre eigene Kraft zu gelangen. Wenn sie dich aus ihrer Unabhängigkeit heraus angreift, dann sollte dein erster Schritt darin bestehen, aus deiner Abhängigkeit herauszukommen, denn nur damit kannst du deine Beziehung ins Gleichgewicht bringen.

Dazu sind deine Gaben da. Liebe deine Tigerfrau und hilf ihr. Wenn du diese Verbindung mit ihr eingehst, dann wirst du vor allem in den Bereichen von Erfolg und Sex reichen Lohn empfangen.

Auch wenn der Angriff einer Tigerfrau sehr ungerecht sein kann, brauchst du, um Mitgefühl zu haben und das zu fühlen, was sie fühlt, nur über deine Wut oder deinen Groll hinauszugehen. Nimm wahr, welche Gefühle ihr Angriff noch in dir auslöst. Deine Gefühle sind auch die Emotionen, die ihren Angriff antreiben. Du baust deine Beziehung auf, indem du mitfühlend auf ihre Emotionen und ihre Erfahrungen eingehst oder über ihre Gefühle sprichst und ihr so die Möglichkeit gibst, darüber zu reden, statt anzugreifen. Wenn du auf einer hinreichend tiefen Ebene kommunizierst, *wirst du feststellen, dass ihr beide dasselbe fühlt.* Sobald du diese Entdeckung gemacht hast, bist du bereits ein gutes Stück auf dem Weg der Versöhnung vorangekommen. Die Versöhnung mit deiner Tigerfrau kann dich für alle Angriffe und allen Schmerz entschädigen, weil Tigerfrauen auch im Bett sehr leidenschaftliche Partnerinnen sind.

Der Schmerz, den der Angriff einer Tigerfrau verursacht

Es liegt mir fern, den Schmerz, den du durchgemacht hast, oder den Angriff, den du ertragen musstest, kleinzureden. Diese Dinge können beängstigend und schmerzhaft sein und dich sogar glauben machen, deine Tigerfrau sei neurotisch oder sogar komplett verrückt geworden. Weil deine Tigerfrau dich so behandelt, wie sie es tut, fängst du an zu glauben, dass sie dich nicht liebt, aber sie behandelt dich so, weil sie in ihrem emotionalen Schmerz gefangen ist. Unreife Menschen versuchen in solchen Situationen, den Schmerz an ihren Partner weiterzugeben. Menschen, die Schmerz verursachen, empfinden Schmerz. Menschen, die Angst machen, haben Angst.

Ich möchte dir in diesem Buch einen Weg zeigen, der es dir ermöglicht, dem Schmerz zu entkommen, dir der Dinge bewusst zu werden, die auf den tieferen Ebenen des Geistes am Werk sind, und sowohl deiner Tigerfrau als auch deiner Beziehung zum Erfolg zu verhelfen. Wenn du diese Prinzipien beherzigst, wirst du erstens erkennen, dass das, was du in deiner Welt – und somit auch in deiner Tigerfrau – siehst, nur ein Spiegel deines eigenen Bewusstseins ist, und zweitens, dass du durch Hingabe die Beziehung für euch beide transformieren kannst. Ein schottischer Freund von mir würde jetzt sagen: „Nimm dich an die Kandare und springe über deinen Schatten." Wenn du die Prinzipien der Heilung, die in diesem Buch vorgestellt werden, erlernst und umsetzt und ein Stück weit wahrnimmst, was im Unterbewusstsein vorgeht, dann erkennst du, *dass die Verletzungen, die dir zugefügt werden, darauf zurückzuführen sind, wie* **du kämpfst.** Du setzt deine Partnerin ins Unrecht und machst sie zur Übeltäterin, während du aufrichtig, gut und edelmütig bist. In einer Beziehung ist alles, was geschieht, aber lediglich ein Spiegel deiner selbst. Alles, was ihr beide tut, ist nur ein Spiegel deiner selbst und deiner mehr oder weniger tief verborgenen Entscheidungen. Dieses Wissen kann dich veranlassen, beide Seiten zu integrieren und das Urteil aufzugeben, das du über bestimmte Anteile deiner selbst gefällt hast. Je schneller du es lernst, umso früher kannst du mit deiner Tigerfrau ein schönes Leben führen. Es wäre daher ratsam, diese Lektionen so rasch wie nur möglich zu lernen. Und entscheide dich immer wieder neu für die Heilung, sobald bei dir selbst oder bei deiner Tigerfrau negative Gefühle hochkommen.

Triff immer wieder die Entscheidung:

Ich könnte stattdessen Frieden sehen.

Ein Kurs in Wundern

Deine Emotionen

Wenn du in der Beziehung zu einer Tigerfrau nicht der unabhängige Partner bist, kann es dir häufig passieren, dass du angegriffen, verletzt, übel zugerichtet oder sogar emotional zum Krüppel gemacht wirst. Für eine Tigerfrau ist ihr Ärger eine Lappalie, gerechtfertigt durch ihre Gefühle und das Ereignis, das ihren Ärger ausgelöst hat. Wenn du mit einer Tigerfrau zusammenlebst, tätest du gut daran, nicht nur etwas über deine eigenen, sondern auch etwas über ihre Emotionen zu lernen. Und wenn du die Hitze nicht magst, solltest du der Küche fernbleiben. Du lebst mit einer leidenschaftlichen Frau zusammen, sodass es besser wäre, wenn du es heiß magst. Und wenn du es heiß magst, kannst du auch gleich die Aufgabe des Kochs übernehmen.

Das Zusammenleben mit einer Tigerfrau kann sowohl eine Herausforderung als auch eine Bereicherung sein. Aller Schmerz, den du tief in dir verborgen oder dissoziiert hast, tritt zutage, um geheilt zu werden. Um erfolgreich zu sein, musst du einige Prinzipien emotionaler Integrität lernen, zu denen zum Beispiel gehört, dass du die schmerzhaften Emotionen, die hochkommen, bereits in dir getragen hast. Tigerfrauen sind geschickt darin, den alten Schmerz zutage zu fördern. Das kann eine gute Sache sein, aber ob es nützlich oder schädlich ist, hängt letztlich davon ab, wie du damit umgehst.

Den Schmerz, der infolge eines Angriffs deiner Tigerfrau hochkommt, kannst du nutzen, um deine eigene Heilung voranzubringen, kannst dich aber auch auf einen Kampf einlassen, indem du angreifst oder dich zurückziehst. Der Schmerz, der in dir hochkommt, rührt stets aus der Vergangenheit her. Nutze die Situation, um die Wurzeln dieses schmerzhaften Musters zu finden und zu heilen. Das kann bei euch beiden eine große Veränderung bewirken. Wenn du jedes Mal angreifst oder dich zurückziehst, sobald sie dich angreift, wirst du dagegen keine großen Fortschritte in der Beziehung machen.

Tigerfrauen machen kurzen Prozess mit Menschen, die passiv aggressiv sind. Passiv aggressive Menschen sind normalerweise so sehr in Leugnung gefangen, dass ihnen gar nicht bewusst ist, dass sie angreifen. Für eine Tigerfrau sind sie meist ein willkommener Appetithappen, was zur Folge hat, dass passiv aggressive Menschen anschließend Zeter und Mordio schreien, wie böse und ungerecht die Tigerfrau ist. Andere Menschen warten so lange, bis sie einen schikanösen passiv aggressiven Menschen schließlich nicht mehr ertragen können, bevor sie wütend werden, aber eine Tigerfrau weiß, dass für passiv aggressive Menschen immer „Hochsaison" ist.

Wenn du den Schmerz, der in der Beziehung zu deiner Tigerfrau hochkommt, nicht heilst, sobald er sich zeigt, wird er so lange immer größer, bis du entweder angreifst, dich zurückziehst oder die Beziehung beendest. Heile ihn, lasse ihn los. Wenn du an ihm festhältst, errichtet er nur eine noch höhere Mauer zwischen dir und ihr. Da jeder Schmerz aus der Vergangenheit herrührt, solltest du dir immer dann, wenn Schmerz in dir hochkommt, die Frage stellen, wo er begonnen hat, wer daran beteiligt war und worum es dabei ging. Verändere die ursprüngliche Szene in deinem Bewusstsein dann so lange, bis sie nicht mehr schmerzhaft ist. Du kannst dabei einfach so tun, als ob du einen Film drehen würdest. Eine Szene muss vielleicht viele Male neu gedreht werden, bis du sie verarbeiten kannst, und noch viel häufiger, bis daraus ein positives Szenario geworden ist. Stelle dir vor, dass du diese „Szenen" neu drehst. Auf diese Weise werden Schmerz und Stress Schicht um Schicht geheilt.

Eine weitere Möglichkeit, eine Situation in deiner Vorstellung zu verändern, besteht darin, die Bedeutung zu verändern, die zu deinen Gefühlen im Hinblick auf die Situation geführt hat. Auf diese Weise kannst du zu einem Gefühl inneren Friedens gelangen. Du kannst beispielsweise erkennen, dass alles, was geschieht, in deinem eigenen Interesse ist, der Angriff deiner Tigerfrau eingeschlossen. Du kannst für diese Angriffe sogar dankbar sein, denn sie weisen dich auf das hin, was in dir der Heilung bedarf. Wenn diese Emotionen nicht ans Licht gebracht werden, gären sie in dir und verursachen Probleme und Krankheiten. Nun kannst du die Kraft deiner Tigerfrau nutzen, um dich zu heilen und dich von deinem Ego zu befreien. Deine Tigerfrau kann kleinlich, fordernd und bedürftig sein, und sie kann zu den Frauen gehören, denen das, was du gibst, niemals genug ist. Deine Beziehung ist der Lehrplan deiner Seele, in dem es darum geht, deine Tigerfrau vor sich selbst und damit gleichzeitig auch dich zu retten. Das geschieht nur, weil du deine eigene Heilung verwirklicht hast und auf eine neue Ebene emotionaler Reife und Zentriertheit gelangt bist. Das Zusammenleben mit einer Tigerfrau hat den Vorteil, dass du eure Beziehung und ihre Kraft zur Reinigung nutzen kannst. Tust du es, bist du deiner Tigerfrau, dir selbst und eurer Beziehung in stärkerem Maße treu. Diese Reinheit erschließt neue Ebenen der Integrität, der Stärke und des Erfolges.

Wenn du im Hinblick auf deine Tigerfrau nicht eine Haltung einnimmst, die Heilung zum Ziel hat, kann es geschehen, dass du in Kämpfe verwickelt wirst und scheinbar zufällige Verletzungen erleidest. Diese Angriffe erfolgen jedoch nicht zufällig. Du wirst angegriffen, wenn du den Ball aus den Augen lässt. Du glaubst, es geschieht nur, wenn deine Tigerfrau bedürftig wird oder Angst hat, aber damit machst du es dir zu einfach. Wenn du emotionale Reife erlangen willst, darfst du deine Tigerfrau nicht einmal mehr in Gedanken beschuldigen, sondern musst die Verantwortung für alles übernehmen, was zwischen dir und ihr geschieht. Wenn du eine abwehrende Haltung einnimmst oder dich deiner Tigerfrau verschließt, hilfst du ihr nicht, im Gleichgewicht zu bleiben, was Probleme zur Folge hat. Ein Teil deiner Aufgabe in einer dauerhaft glücklichen Beziehung mit deiner Tigerfrau besteht darin, ruhig und ausgeglichen zu sein.

Wenn deine Partnerin eine Tigerfrau ist, dann trägst du sehr wahrscheinlich den Archetypen des Friedensstifters in dir. Mache ihn dir zu eigen und nutze ihn bewusst, weil Frieden durch dich zu ihr hinströmt. Übernimm die Verantwortung für deine eigenen Emotionen, für ihre Emotionen und für euer beider Verhalten, weil es nicht nur der Wahrheit entspricht, sondern zugleich auch ein Prinzip der Heilung auf einer unterbewussten Ebene ist. Solange du deine Verantwortung für das, was in ihr vorgeht, vor dir selbst verbirgst, entscheidest du dich dafür, dass sie so handeln soll, wie sie es tut, weil du glaubst, dass es dir auf eine bestimmte Weise dient.

Ein häufiger unterbewusster Grund dafür, dass du angegriffen wirst, besteht darin, dass du deinen Zorn und deine Schuld nach außen projizierst und deiner Partnerin damit die „böse" Rolle zuweist. Ein weiterer Grund besteht darin, dass du den Angriff als Ausrede benutzt, um zu tun, was du willst. Außerdem verbirgt er deine Angst vor Nähe und vor dem nächsten Schritt in deiner Beziehung. Du benutzt ihn, um eine Schuld zu tilgen oder um dich oder sie zu kontrollieren. Das „Opfer" des Angriffs deiner Tigerfrau zu sein ist eine Möglichkeit, sie deinerseits anzugreifen und moralische Überlegenheit zur Schau zu stellen. Außerdem gibt es dir im Hinblick auf eine bestimmte Sache die Möglichkeit, Recht zu haben und etwas zu beweisen. Dies sind nur einige der Dynamiken, die bei allen Problemen und Auseinandersetzungen am Werk sind.

Auf dieser Ebene die Verantwortung zu übernehmen ist unerlässlich, wenn du deine Tigerfrau retten willst, statt sie zu verurteilen, sie zu beschuldigen oder einen Groll gegen sie zu hegen.

Tigerfrauen und Eifersucht

Eifersucht brennt in allen Menschen, aber eine Tigerfrau kann sie regelrecht verbrühen. Eifersucht ist eine der schlimmsten Emotionen, die es gibt. Sie rührt von Unsicherheit her und ist eine Kombination aus Gefühlen von Verlust, Angst, Bedürftigkeit, Unzulänglichkeit, Verletztheit, Herzensbruch, Rache, Machtkampf, Schuld, Unwürdigkeit, Vergleich, Konkurrenz, Verrat, Angriff, Selbstangriff und oft auch Versagen. Eifersucht ist für alle Menschen schwer zu ertragen, aber gerade Tigerfrauen greifen rasch zum Mittel des Zorns oder der Selbstdestruktivität, um das Gefühl zu unterbinden. Wie jeder, der eifersüchtig ist, braucht eine Tigerfrau ein hohes Maß an Rückversicherung in Bezug auf das, was wirklich geschehen ist, und auf deine Gefühle für sie.

Wenn eine Tigerfrau eifersüchtig und noch dazu in der abhängigen Position ist, kann sie in blinder Wut angreifen. Ihren versteckten Wankelmut, der sich nur dann offen zeigen würde, wenn sie die unabhängige Position innehätte, projiziert sie nach außen. Dadurch kann eine stark verzerrte und neurotische Sicht auf die Dinge entstehen, und Heilung ist zwingend vonnöten, um euch beiden helfen zu können. Was dich dazu ermutigen und ermuntern kann, ist die Tatsache, dass die Eifersucht und Unsicherheit, die deine Tigerfrau ausagiert, deine unterbewusste Eifersucht und Unsicherheit zeigen. Es gibt nur eine Sache, die noch schlimmer ist, als einen eifersüchtigen Partner zu haben, und das ist, selbst der eifersüchtige Partner zu sein. Wenn sie eifersüchtig ist, sei also dankbar, dass nicht du es bist, und beweise Mitgefühl, indem du dich mit ihr verbindest und ihr ein Gefühl der Sicherheit gibst. Dadurch, dass du deine Tigerfrau liebst, mit ihr sprichst und ihr hilfst, hilfst du auch dir selbst.

Tigerfrauen können extrem eifersüchtig sein. Je weniger Verbundenheit es in ihrer Kindheit gegeben hat, umso eifersüchtiger sind sie als Erwachsene, wenn keine Heilung stattfindet. Eifersucht kann nur dann überwunden werden, wenn du dich darauf konzentrierst, sie zu heilen. Alles, was in der Vergangenheit nicht geheilt wurde, kommt hoch, um dich eifersüchtig zu machen. Wenn du allerdings wissen willst, wie groß das Maß deiner Eifersucht tatsächlich ist, addiere einfach deine Eifersucht und die Eifersucht deiner Partnerin zusammen. Das ist das wahre Maß an Eifersucht, das *du* in dir trägst. Wenn du sie von ihrer Eifersucht heilst, heilst du auch dich selbst.

Wenn es dir mit deiner Tigerfrau tatsächlich ernst ist und du ihr wahrer Partner sein möchtest, solltest du dir darüber klar werden, was du wirklich willst. Wenn du in einer wunderbaren Partnerschaft leben willst, sollte Treue der Weg sein, den du wählst. Es gibt nur wenige Dinge, die eine Tigerfrau mehr verletzen als Untreue. Wenn du unvorsichtig warst und ihr es nicht beide heilt, indem ihr es loslasst, einander und euch selbst vergebt, dann kann es dir passieren, dass du dafür bezahlst, solange die Beziehung andauert.

Bewahre einen klaren Kopf. Tue nichts, was du nicht auch dann tun würdest, wenn deine Tigerfrau im Raum wäre. Tue nichts, was sie verletzen würde. Tue ihr nichts an, wovon du nicht wollen würdest, dass sie es dir antut. Ohne Integrität zerstörst du deine Chance auf eine erfolgreiche Beziehung. Wie die Abhängigkeit ist auch die Unabhängigkeit nur ein Stadium. Sowohl für dein Leben als auch für deine Beziehung gilt, dass du, um etwas aus ihnen zu machen, das Stadium der wechselseitigen Abhängigkeit erreichen musst.

Immer wenn du von jemandem außerhalb deiner Beziehung in Versuchung geführt wirst, solltest du dir eine Reihe von Dingen bewusstmachen. Du gerätst immer dann in Versuchung, wenn die Beziehung zu deiner Tigerfrau kurz davor steht, auf eine neue Stufe zu gelangen. Wenn du an diesem Punkt deine Energie auf deine Tigerfrau gerichtet hältst, dann entwickelt sie, ob du es glaubst oder nicht, genau die Eigenschaften, die dich außerhalb der Beziehung in Versuchung geführt haben. Wenn du jetzt eine Affäre eingehst, dann bist du derjenige, der in ein Gespinst aus Lügen und in ein gespaltenes Bewusstsein hineingezogen wird. Das gespaltene Bewusstsein blockiert deine Fähigkeit zu lieben und sorgt dafür, dass du gleichzeitig in verschiedene Richtungen gehst. Dein Mangel an Integrität blockiert deine Fähigkeit, zu empfangen und zu genießen. Er hält dich in Schuld, Angst, Aufopferung und Konflikt gefangen, auch wenn du es vielleicht in deinem Zustand dissoziierter Unabhängigkeit nicht bewusst spürst. Deine Beziehung hat eine Gelegenheit verschenkt, sich weiterzuentwickeln und auf eine neue Stufe zu gelangen.

Was für ein Mann willst du sein? Was für ein Partner willst du sein? Wenn du einen Fehler gemacht hast, kannst du den Schaden natürlich reparieren, aber warum gehst du nicht den einfachen Weg? Verpflichtung zur Wahrheit, zu deiner Partnerin, zum nächsten Stadium, zur Ebenbürtigkeit und zur Selbsteinbeziehung kann Partnerschaft und paradoxerweise auch das Gefühl von Freiheit mühelos herbeiführen. Ob du dir selbst vergibst, erkennst du daran, ob deine Tigerfrau dir vergibt und bereit ist, über einen Akt der Untreue hinauszugehen, ohne dass er eure Beziehung zum Scheitern bringt. Ohne Selbstvergebung trittst du in deiner Beziehung und in deinem Leben auf der Stelle.

Von entscheidender Bedeutung ist auch, dass du nicht vergisst, dich selbst einzubeziehen, weil Selbsteinbeziehung dich auf dem Weg zur Partnerschaft sehr rasch voranbringt. Ebenbürtigkeit und etwas, das du in die Beziehung einbringen kannst, wie beispielsweise Selbstwert, sind die einzigen Dinge, die funktionieren, denn sonst hast du nichts, was du deiner Partnerin geben könntest, um etwas zu ihrem Wert und zum Wert der Beziehung beizutragen. Wenn du ein guter Partner bist, solange du die unabhängige Position innehast, dann ist deine Tigerfrau eine gute Partnerin, wenn sie die unabhängige Position einnimmt. Wenn du in deiner unabhängigen Phase kein guter Partner bist, macht deine Tigerfrau dir die Hölle heiß, sobald sie in der unabhängigen Position ist.

Der Schlüssel besteht darin, zur wechselseitigen Abhängigkeit zu gelangen. In diesem Stadium erwarten dich sowohl größere Belohnungen als auch größere Herausforderungen, aber deine Beziehung ist in hohem Maße gereift. Trotzdem werdet ihr beide weiter zu noch größeren Höhen und Tiefen vorangehen wollen. Und das könnt ihr auch. Es ist sehr wichtig, dass du Vertrauen in eurer Beziehung aufbaust, denn ohne Vertrauen gibt es keine Liebe. Außerdem hilft Vertrauen dir und deiner Tigerfrau, die Kontrolle aufzugeben, da Vertrauen und Selbstvertrauen das Gegenteil von Kontrolle sind.

Das alles hilft deiner Tigerfrau, ihre natürliche Aufgabe in einer langfristigen Beziehung oder einer Ehe wahrzunehmen. Sie ist die natürliche Regisseurin, die Kommunikation, Richtung, Entwicklung und emotionale Nähe in der Beziehung steuert. Dies ist aber nur dort möglich, wo Vertrauen herrscht. In der Beziehung ist die Frau – um eine Metapher aus dem American Football zu benutzen – der Quarterback, während der Mann der End ist. Sie gestaltet das Spiel, während er der Held ist, der ihre Würfe fängt und vollendet. Wenn eure Beziehung durch ein hohes Maß an Verbundenheit geprägt ist, könnt ihr gemeinsam viele Touchdowns erzielen.

Die heilende Einstellung

Dir Ganzheit in der Beziehung zum Ziel zu setzen ist das wichtigste Element dafür, dass du sowohl deine Beziehung als auch dein Leben erfolgreich gestalten kannst. Wenn du dich diesem Ziel verpflichtet hast und dich ihm immer wieder neu verpflichtest, sind Glück und Heilung die natürlichen Folgen, die aus dieser Verpflichtung hervorgehen. Dann erkennst du, dass alles, was in eurer Beziehung hochkommt, keine große Sache, sondern lediglich etwas ist, das es zu heilen gilt. Wenn Ganzheit nicht das Ziel ist, kann dagegen alles, was hochkommt, das Ende deiner Beziehung bedeuten, und du denkst sofort darüber nach, deine Tigerfrau durch eine bessere Partnerin zu ersetzen.

Wenn eine Beziehung sich nicht in den Dienst der Liebe und der Wahrheit stellt, wird sie von Bedürfnissen getrieben. In einer besonderen Beziehung sorgt einer der Partner (manchmal sind es auch beide) dafür, dass sich alles nur um ihn dreht. So definiert sich eine besondere Beziehung. Du machst deinen Partner zur Geisel deiner Bedürfnisse. Bedürfnisse sind häufig der Auslöser für Streit in einer Beziehung. Du hast Angst, dass deine Bedürfnisse nicht erfüllt werden, und setzt Angriff, Schuld und emotionale Erpressung ein, um sie erfüllt zu bekommen und deinen Willen durchzusetzen.

Wenn du dich der Ganzheit verpflichtest und deine Beziehung dem Himmel übergibst, hast du eine gute Chance, in deiner Beziehung erfolgreich zu sein und deine Tigerfrau zu retten. Vergiss außerdem nicht, dass, wenn du sie rettest, sie auch dich rettet, und wie es in jeder guten Beziehung der Fall sein sollte, haltet ihr euch gegenseitig den Rücken frei.

… so ist das Licht in ihm noch heller, weil du ihm dein Licht gabst, um ihn vom Dunkel zu erlösen. Nun muss das Licht in dir so hell sein, wie es in ihm leuchtet. Dies ist der Funke, der im Traume leuchtet, damit du ihm erwachen helfen kannst und sicher bist, dass seine Augen beim Erwachen auf dir ruhen. Und in seiner frohen Erlösung bist auch du erlöst.

Ein Kurs in Wundern

Ein zweites Ziel, dem es sich zu verpflichten gilt, ist emotionale Reife. Auch das ist ein großer Schritt in deiner Beziehung. Emotionale Reife setzt sich Frieden zum Ziel in dem Wissen, dass Liebe, Glück, Fülle, Gesundheit und die Fähigkeit, Gnade zu empfangen, aus diesem Frieden hervorgehen. Emotionale Verstimmung bedeutet immer, dass wir aus unserer Mitte geraten sind und dass es etwas gibt, das der Heilung bedarf. Wenn wir uns in dem Wissen, dass unser Schmerz einen emotionalen Fehler zeigt, unserer Heilung verpflichten, können wir Wegbereiter für Liebe und Kreativität anstelle von Dramen und Seifenopern sein. Wenn es uns gelingt, angesichts eines Tigerangriffs inneren Frieden zu bewahren, dann gibt es kaum etwas, mit dem wir nicht fertigwerden. Um emotionale Reife zu erlangen, ist es wichtig, dass du in Bezug auf deine Emotionen mutig wirst, statt reaktiv zu sein. Wenn du lernst, deine Emotionen zu fühlen, ohne darauf zu reagieren, dann leistest du ihnen keinen Widerstand, indem du davonläufst oder dich auf einen Kampf einlässt. Deine Gefühle zu fühlen in der Absicht, sie zu heilen, bringt dich Stück für Stück durch sie hindurch, sodass du dein Herz wiedergewinnen kannst. Wenn du vor deinen Emotionen keine Angst hast und nicht zulässt, dass sie dich tyrannisieren, dann hast du auch keine Angst vor den Emotionen deiner Tigerfrau und lässt nicht zu, dass du von ihnen tyrannisiert wirst.

Wie Tigerfrauen
ihre Probleme lösen

Tigerfrauen haben eine Art, Probleme zu lösen, die fast immer mit einem Konflikt anfängt. Weil sie sich vor Konflikten nicht fürchten und Gefallen daran haben, sich zu streiten, entwickelt sich daraus oft ihr Weg, wenn es darum geht, zu einer Lösung zu gelangen. Sie fangen einen Streit an und versuchen im Laufe des Streits, sich durch das Problem hindurchzuarbeiten. Tigerfrauen streiten oft sehr lautstark. Mit zunehmender Reife lässt der Wunsch, sich zu streiten und zu schreien, jedoch nach.

Wenn eine Tigerfrau in ihrer Angst gefangen ist, bleibt sie im Machtkampf stecken. Wenn sie in ihrer Konkurrenz gefangen ist, die bei Tigerfrauen oft sehr stark ausgeprägt ist, kann sie in dem Versuch steckenbleiben, um jeden Preis zu gewinnen. Dies kann eine sehr zerstörerische Wirkung entfalten, wenn es nicht durch ihre Liebe zur Wahrheit und ihren Wunsch, Wechselseitigkeit zu erlangen, gemildert wird.

Tigerfrauen sind gut darin, Risiken einzugehen, und können diese Fähigkeit zur Kommunikation nutzen. Von allen Persönlichkeitstypen fürchten sie sich am wenigsten vor einem Konflikt, und diejenigen, die Konflikte nutzen, um auf eine neue Ebene der Problemlösung und der Partnerschaft zu gelangen, sehen ihn als einen normalen, natürlichen Prozess. Der Rest der Welt sieht das leider anders und schätzt diese Art der Problemlösung nicht, was viele Missverständnisse zur Folge hat. Deine Tigerfrau hat vielleicht einen Kommunikationsstil, der in krassem Gegensatz zu deinem eigenen Kommunikationsstil steht. Wenn ihr sie integriert, entsteht daraus ein größeres Ganzes. Stelle dir einfach vor, dass sie verschmelzen und ein neues Ganzes bilden, das euch beiden gemeinsam ist. Wiederhole den Prozess, sobald neue Schichten zum Vorschein kommen, die unterschiedlich oder gegensätzlich sind. Diese Übung ist überall dort hilfreich, wo ihr gegensätzliche Überzeugungen oder unterschiedliche Verhaltensweisen habt.

Tigerfrauen sind schnell dabei, wenn es darum geht, das richtigzustellen, was sie als Kränkung oder Unterdrückung betrachten, und zwar sowohl bei sich selbst als auch bei anderen. Sie können sich in endlose Kämpfe verwickeln, ohne jemals die Verantwortung für ihre eigene Situation und für die Situation anderer Menschen zu übernehmen. Sie sind schnell dabei, andere Menschen anzugreifen, und neigen zu vorschnellen Urteilen. Wenn sie streiten, werden sie sehr schnell zu einem Teil des Problems und verschlimmern die Dynamik der Angst vor dem nächsten Schritt, die ein Teil jedes Problems ist. Sie polarisieren eher, als dass sie verbinden, und aufgrund ihrer Kampflust und ihrer kratzbürstigen Persönlichkeit schaffen sie es nicht, andere Menschen in ihrer Umgebung zusammenzubringen. Andererseits lassen sie sich nicht tyrannisieren und treten für Menschen ein, die geknechtet und unterdrückt werden.

Eine reife Tigerfrau hat den Mut, die Themen anzusprechen, die berichtigt werden müssen. Sie scheut sich niemals, das Problem anzugehen. Wenn sie sich einer Sache verschrieben hat, kann sie sich mit großer Kraft und Entschlossenheit dafür einsetzen, und den Menschen, die sie liebt, bringt sie große Treue und tiefe Freundschaft entgegen.

Das Gespräch
mit deiner Tigerfrau

Gespräche mit deiner Tigerfrau können eine heikle Angelegenheit sein. Der eigentliche Zweck von Kommunikation liegt darin, Brücken zu schlagen mit dem Ziel, die Verbundenheit wiederherzustellen. Kommunikation klärt, wie ihr beide eine Situation erlebt, und das allein kann viele Auseinandersetzungen vermeiden und euch einander näherbringen. Kommunikation vereinigt das Beste aus euren jeweiligen Positionen zu einem neuen Fundament, auf dem ihr eure Beziehung aufbauen könnt. Sie kann eine Beziehung entscheidend beeinflussen, wenn es darum geht, Veränderung und Vorwärtsbewegung möglich zu machen. Manche Tigerfrauen sind empfindlich und leicht reizbar, während andere austeilen, aber nicht einstecken können. Manchen Tigerfrauen gefällt die direkte Konfrontation, und sie teilen ebenso gut aus, wie sie einstecken. Du solltest deshalb unbedingt herausfinden, welche Form der Kommunikation bei deiner Tigerfrau funktioniert und welche nicht.

Es ist von grundlegender Bedeutung, dass ihr einige Prinzipien vereinbart, was eure Kommunikation miteinander betrifft. Das erste Prinzip ist zugleich auch das wichtigste.

1. „Böse Buben" gibt es nicht. Wenn du versuchst, Schuldgefühle bei deiner Partnerin hervorzurufen, hört jede Kommunikation sofort auf und ein Streit beginnt. Jeder Streit ist das Streben nach Besonderheit und der Versuch, den Sieg davonzutragen. Wir wollen unseren Partner dazu bringen, unsere Bedürfnisse zu erfüllen, und wir benutzen ihn, um unsere Schuld auf ihn zu projizieren und unseren Ärger auf ihn zu verlagern, weil wir Angst vor dem nächsten Schritt in Nähe und Erfolg haben. Unsere Wahrnehmung ist unser Spiegel. Was wir in ihm

sehen, ist das, was wir von uns selbst glauben, ganz gleich, wie sehr wir es kompensieren.

2. Setze dir Kommunikation zum Ziel. Wenn Heilung und eine neue Ebene der Liebe, Leichtigkeit und Nähe dein Ziel sind, dann kannst du, sobald du vom Weg abkommst, das Ziel einfach neu setzen und dich wieder in die richtige Richtung aufmachen. Anderenfalls nährst du sowohl das Bedürfnis deines Egos nach Besonderheit als auch deine eigene Selbstgerechtigkeit, die voller Urteile steckt. Unter deiner Selbstgerechtigkeit und deinen Urteilen verbirgt sich deine Schuld.

3. Denke daran, dass deine Wahrnehmung von Entscheidungen herrührt, die du bewusst und unterbewusst triffst. Ein Konflikt spiegelt dein gespaltenes Bewusstsein wider, in dem deine Tigerfrau die Seite ausagiert, die du stärker verborgen hast oder mit der du dich am wenigsten identifizierst. Entscheide dich immer wieder neu dafür, diese Seiten zu integrieren. Entscheide dich für den Frieden. Frieden zeigt dir, dass du erfolgreich warst. Liebe, Fülle und Glücklichsein rühren von Frieden her. Entscheide dich immer wieder neu für den Frieden anstelle des Konflikts, den du siehst.

Ich könnte stattdessen Frieden sehen.

Ein Kurs in Wundern

4. Wenn du für alles, was geschieht, die Verantwortung übernimmst, kannst du es an den Himmel übergeben, damit er es für dich ungeschehen macht und heilt. Ihr tragt zwar beide die volle Verantwortung, seid jedoch weder schlecht noch schuldig. Schuld und Selbstangriff sind die Mittel, zu denen wir greifen, um eine Lektion nicht lernen und uns nicht ändern zu müssen. Beide sind Formen von dunklem Glanz oder Besonderheit und verbergen, dass wir uns gehen lassen. Sie geben uns die Möglichkeit, festzuhalten, statt den nächsten Schritt zu gehen.

5. Häufe keinen Groll und keine schlechten Gefühle an. Streit ist in Wahrheit die Wiederholung alter Geschichten, die ihr beide aus der Vergangenheit in euch tragt. Bereinige die Dinge, die aus der Vergangenheit herrühren, durch Vergebung und Loslassen.

6. Denke daran, dass sowohl dein Verhalten als auch deine Emotionen eine Form von Kommunikation sind. Jede Emotion, die in dir hochkommt, weist auf einen Fehler hin, den du machst. Übernimm die Verantwortung dafür, sie zu heilen. Benutze sie nicht, um deine Tigerfrau zu schikanieren. Wenn du deine Emotionen nicht als einen Indikator dafür benutzt, welche Dinge aus der Vergangenheit der Heilung bedürfen, dann benutzt du sie, um deine Tigerfrau zu schikanieren oder emotional zu manipulieren. Wenn du dich verpflichtest, das zu heilen, was bei dir zur Heilung ansteht, dann hilfst du damit auch deiner Partnerin.

7. Wenn du derjenige bist, der den Anstoß zu eurem Gespräch gegeben hat, bitte deine Tigerfrau um Hilfe. Wenn du versuchst, sie zu ändern, willst du sie dazu bringen, sich zu ändern, damit du es nicht tun musst. Versichere ihr, dass es bei dem, was du ihr mitteilen möchtest, zwar um sie selbst oder die Situation geht, dass du im Grunde aber ihre Hilfe brauchst, um etwas zu heilen, das mit dir selbst zu tun hat. Wenn du das Mittel der Kommunikation im Laufe eurer Beziehung nicht bereits als Waffe benutzt und ihr Vertrauen verloren hast, wird sie in aller Regel positiv darauf reagieren. Anderenfalls musst du dir ihr Vertrauen möglicherweise erst wieder verdienen, indem du durch dein Handeln deine Aufrichtigkeit unter Beweis stellst. Wenn sie auf das, was du zu sagen hast, negativ reagiert, versichere ihr nochmals, dass es um deine eigene Heilung geht.

8. Teile ihr mit, was für dich nicht in Ordnung ist, und sei ihr emotional dabei so nahe, wie du nur kannst. Je näher du ihr bist, umso schwierigere Themen kannst du mit ihr besprechen, ohne dass du eine negative Reaktion bei ihr auslöst. Teile ihr mit, wie es dir mit der Situation geht. Erkläre ihr dann, dass du dich an eine frühere Situation in deinem Leben erinnert fühlst. Sprich darüber und bleibe dabei möglichst nahe an deiner Emotion, statt dich auf die Geschichte zu konzentrieren. Wenn es auch hierfür eine frühere, ähnlich gelagerte Situation gibt, erzähle ihr davon. Sollte dir intuitiv keine Situation aus der Vergangenheit in den Sinn kommen, sprich über die Emotion, die in Bezug auf das, was für dich nicht in Ordnung ist, in dir hochkommt. Wenn du ihr diese

Dinge mitgeteilt hast, fühlst du dich meist schon ganz anders, und dein innerer Frieden ist zurückgekehrt. Das Problem oder das Thema – oder zumindest eine Schicht des Themas – ist aufgelöst. Sollte das nicht der Fall sein, dann gibt es ein noch früheres Ereignis, das die eigentliche Wurzel dieser Dinge ist.

9. Verpflichte dich, dafür zu sorgen, dass ihr beide gewinnt, denn wenn einer von euch verliert, bleibt das Problem bestehen. Jeder Streit bedeutet, dass du dich auf die Seite deines Egos geschlagen hast, das glaubt, einen Sieg für deine Besonderheit auf ihre Kosten erringen zu können. Wenn du darauf aus bist, dass sie verliert, damit du gewinnen kannst, dann seid ihr früher oder später in einen Streit verwickelt.

10. Verpflichte dich eurer Ebenbürtigkeit und stelle sicher, dass ein hohes Maß an Gleichgewicht besteht, ehe du ein Gespräch beginnst. Du kannst dieses Gleichgewicht erreichen, indem du dich der Ebenbürtigkeit immer wieder neu verpflichtest.

11. Stelle dir vor, während und nach eurem Gespräch vor, wie dein inneres Licht eine Brücke zu ihrem inneren Licht schlägt, bis du nur noch ein gemeinsames Licht wahrnehmen kannst.

12. Sei ihr dankbar, denn sie zeigt dir einen Teil deiner selbst, einen Teil deines Bewusstseins, welcher der Heilung bedurfte, den du aber zu tief verborgen hattest. Nutze die Chance.

13. Vergib in dem Wissen, dass du damit euch beide befreist und euer beider Unschuld stärkst.

14. Danke sowohl deiner Tigerfrau als auch dem Himmel für die Unterstützung und Hilfe, die sie dir gewährt haben.

Problemlösungen

Eine Möglichkeit, ein aktuelles Problem zu transformieren, besteht darin, zu dem ursprünglichen Ereignis in der Vergangenheit zurückzukehren, das dazu geführt hat, und dein inneres Licht mit allen Menschen zu teilen, die an diesem Vorfall beteiligt waren. Nimm zuerst wahr, wie dein inneres Licht sich mit dem inneren Licht aller an dem Ereignis beteiligten Menschen verbindet. Nimm dann wahr, wie das innere Licht jedes Einzelnen aus ihm heraustritt und sich mit dem inneren Licht aller anderen an diesem Ereignis beteiligten Menschen verbindet. Wiederhole diese Übung anschließend auf einer noch tieferen Ebene. Auf diese Weise verändert sich dein Blick auf die Situation, bis Frieden, Liebe und Licht alles sind, was übrig bleibt.

Wiederhole die Übung nun mit deiner Tigerfrau in eurer jetzigen Situation. Wenn du den emotionalen Ballast heilst, den du in eure Beziehung mitgebracht hast, dann bleibt sie auf natürliche Weise mühelos im Fluss. Überall dort, wo du noch emotionalen Ballast mit dir herumträgst, findet deine Tigerfrau einen Weg, ihn zu „triggern", bis alles bereinigt ist. Das Zusammenleben mit einer Tigerfrau vermag dich zu reinigen, wenn du die richtige Einstellung hast und sie nutzt, um Heilung zu erlangen. Das trägt nicht nur zu deiner eigenen Größe und Stärke bei, sondern lässt darüber hinaus auch die Macht und die Freude wachsen, die deiner Beziehung innewohnen.

Wenn du es zu schätzen weißt, dass deine Tigerfrau das in dir zum Vorschein bringt, was der Heilung bedarf, dann brauchst du nicht das Gefühl zu haben, du müsstest wegrennen, angreifen oder beschuldigen, sobald sie dich anknurrt. Du kannst sie so wertschätzen, wie du einen Zen-Meister wertschätzen würdest. Sei versichert, dass deine Tigerfrau sich bemerkbar macht, sobald du in Gefahr bist, einzunicken. Wenn die Leblosigkeit in eurer Beziehung zu groß wird, sorgt sie für Aufruhr, um deinen Kreislauf in Schwung zu bringen.

Eine Tigerfrau kämpft gerne. Sie ist eine Kriegerin und will in Übung bleiben. Was die meisten Menschen als Kampf betrachten würden, ist für sie lediglich ein Spiel.

Meine Frau Lency und ich hatten einmal eine Freundin, eine Vollbluttigerin, die zum Gefolge von Muktananda gehörte. Als sie zum ersten Mal einen Vortrag von ihm besuchte, ging er danach den Mittelgang entlang. Er sah sie, trat in die Reihe, in der sie saß, versetzte ihr eine Ohrfeige und sagte: „Das war dafür, dass du mir in einem früheren Leben meine Frau und mein Geld gestohlen hast." Sie kamen sich danach einander sehr nahe. Sehr zum Leidwesen seiner Anhänger ging er immer wieder einmal zu ihr und fing einen Streit an, indem er sie anschrie, was natürlich dazu führte, dass sie ebenso laut zurückschrie. Diese Szenen dauerten meist zehn bis fünfzehn Minuten und endeten damit, dass er mit den Schultern zuckte, die Hände in die Luft warf und lächelnd fortging. Unsere Freundin, eine äußerst leidenschaftliche Frau, fühlte sich danach eine Zeitlang immer bedeutend besser. Sie war keine „emotionale Vegetarierin" – damit sie sich lebendig fühlen konnte, mussten die Fellfetzen fliegen. Muktananda wusste, dass er es mit einer Tigerfrau zu tun hatte, und weil er nun einmal ein Meister war, wusste er auch, was sie brauchte. Dir empfehle ich diese Vorgehensweise nicht, es sei denn, dass auch du die Tigernatur zumindest teilweise in dir trägst oder in so hohem Maße zentriert bist, dass du diese Handlungsweise als ein Spiel betrachtest. Für dich ist eine Auseinandersetzung fast immer eine wesentlich ernstere Angelegenheit, als es bei deiner Tigerfrau der Fall ist.

Es ist interessant zu sehen, wie oft eine Tigerfrau einen Partner findet, der entweder friedliebend ist oder Angst vor Konflikten hat. Genau dann fühlt sie sich nicht gewürdigt, und ihrem Partner kann es passieren, dass er mit gebrochenem Herzen dasteht oder zu Filet verarbeitet wird.

Ein wenig „freundliche Aggression" vermag deiner Beziehung eine gewisse Würze zu verleihen, vor allem dann, wenn du sie nicht als Angriff missverstehst. Tust du es doch, führt sie zu Verletzungen, und diese Verletzungen können sich zu einem Herzensbruch auswachsen. Das, was deiner Beziehung ein wenig mehr Würze verleihen sollte, kann sich in ein entsetzliches Missverständnis oder sogar einen geplatzten Traum verwandeln, der zu den schmerzhaftesten Folgen eines gebrochenen Herzens gehört.

Den Wunsch nach Besonderheit überwinden

Besonderheit – das Verlangen nach Aufmerksamkeit, der Wunsch, dass alles sich um dich drehen soll, übertriebener Stolz – ist ein todsicheres Mittel, um eine glückliche Beziehung zu zerstören. Besonderheit greift immer an und verteidigt sich gegen jede noch so geringe Kränkung. Sie will vor allem ihren Status schützen und Aufmerksamkeit erlangen, auch wenn sie negativer Art ist. Die Besonderheit, die du deine Tigerfrau ausagieren siehst, ist die Besonderheit, die du selbst in dir trägst. Besonderheit überdeckt und kompensiert Unzulänglichkeit, und Gefühle der Unzulänglichkeit führen zu Angriff und Hass. Unter all diesen Dingen verbirgt sich Selbsthass, und um ihn zu heilen, bist du hier.

Eine erfolgreiche Beziehung ist der Schlüssel zu einem glücklichen Leben. Wenn du nicht zulässt, dass dein Ego deine Beziehung durch seine Besonderheit für sich beansprucht, läufst du auch nicht vor deiner Lebensaufgabe davon. Um deinen Wunsch nach Besonderheit zu überwinden, musst du in deiner Tigerfrau dich selbst sehen und wissen, dass sie die verborgene Seite deines Bewusstseins ausagiert. Sonst verurteilst du sie, bist der Meinung, dass du über ihr stehst, und glaubst, besser zu sein als sie. Wenn sie angreift, dann benutzt du ihren Angriff unterbewusst, um politischen Gewinn daraus zu ziehen und zu beweisen, dass du Recht hast und der bessere Mensch bist. Genau dieser verborgene Aspekt deines Bewusstseins ist es, der Besonderheit und Trennung aufrechterhält. Genau diese Trennung gilt es zu transformieren, wenn du eine erfolgreiche Beziehung führen willst.

Wenn du Zugang zu deinem Unterbewusstsein hättest, dann würdest du erkennen, dass du insgeheim mit dem Verhalten deiner Tigerfrau einverstanden bist. Wenn deine Tigerfrau etwas verpatzt, dann wird dein Ego genährt. Wenn deine Tigerfrau sich negativ verhält, hast du die Absicht, die überlegene Position einzunehmen. Damit verbringt unser Ego seine Zeit. Es mästet sich durch unsere Fehler. Ist es das, was du auf Kosten von Liebe und Glück erreichen willst? Willst du Liebe, oder willst du die Selbstgerechtigkeit deines Egos? Du hast die Chance, unterbewusste und unbewusste Anteile deiner selbst zu heilen, die deine Tigerfrau für dich ausagiert. Diese Anteile zurückzugewinnen heißt, Frieden anstelle von Angriff, Liebe anstelle von Hass, Partnerschaft anstelle von Streit, Erfolg anstelle von Konkurrenz und Mühelosigkeit anstelle von Mühsal zu haben. Wenn du das tust, dann gewinnst du Aspekte des Mutes, der Leidenschaft und der Kreativität für dich zurück.

Die Beziehung zu deiner Tigerfrau ist deine beste Möglichkeit, die Dinge zu heilen, die du vor dir selbst verborgen hast. *Immer dann, wenn du mit deiner Tigerfrau nicht vollkommen im Reinen bist oder emotional in irgendeiner Form leidest, hast du deine Tigerfrau verurteilt*, und auf einer unterbewussten Ebene freust du dich darüber. Du jubelst, weil deine Besonderheit wieder einmal unter Beweis gestellt wurde. Damit stellst du dich über deine Tigerfrau. So kannst du sie nicht retten. Es mag so aussehen, als würde sie dich ans Kreuz nageln, aber in Wirklichkeit nagelst du sie ans Kreuz und vergibst eine Chance zur Rettung für euch beide. Du entscheidest dich entweder für die Wahrheit oder für das Ego. Du entscheidest dich entweder dafür, mit deiner besonderen Beziehung gegen Gott zu kämpfen, oder dafür, gemeinsam mit deiner Tigerfrau eine Himmelstreppe zu bauen, die aus Liebe und Verständnis gemacht ist. Entscheide dich gut, denn du entscheidest dich entweder für den Weg der Liebe zur höchsten Liebe oder für den Weg, der in die Hölle und in den Tod führt.

Stelle dir immer dann, wenn ein negatives Ereignis eintritt, die Frage: „Ist es das, was ich will?"

Dadurch, dass du diese Frage stellst, gibst du dir selbst die Möglichkeit, die richtige Entscheidung zu treffen und eine weitere Schicht von deiner negativen Erfahrung abzulösen. Es mag viele verborgene Entscheidungen gegeben haben, die in deine gegenwärtige Erfahrung eingeflossen sind, und es mögen genauso viele oder sogar noch mehr Entscheidungen notwendig sein, um dir den inneren Frieden zurückzubringen, aber genau das verleiht deiner Beziehung und deinem Leben ein höheres Maß an Stärke.

Zorn und deine Tigerfrau

Tigerfrauen – vor allem vollblütige Tigerfrauen – sind sehr oft zornig. Ihr cholerisches Wesen bringt sie oft in Schwierigkeiten. Als Mutter, Partnerin oder Führungsperson kann eine Tigerfrau ausfallend werden. Um ihre Lebensaufgabe erfüllen und ihre Bestimmung verwirklichen zu können, muss eine Tigerfrau ihre Wut in heilende und kreative Vision verwandeln. Du bist die größte Chance, die sie hat, damit es geschehen kann. Es geschieht durch Kommunikation, Vergebung und dadurch, dass du Schuld aufgibst, dein inneres Licht teilst, jede Aufopferung loslässt und deine Beziehung dem Himmel übergibst. Wenn die Liebe zu deiner Tigerfrau stark genug ist, dann kannst du ihre Destruktivität in so hohem Maße verändern, dass ihre natürliche Aggressivität verschwindet und ihre erstaunlichen Gaben und Erkenntnisse immer weiter zunehmen. Veränderung bei ihr bewirken kannst du, indem du sie liebst, dich ihr schenkst und an deiner eigenen Heilung arbeitest.

Zum besseren Verständnis wollen wir zunächst einmal klären, was Zorn ist. Zorn – oder Wut – ist der Versuch, einen anderen Menschen schuldig zu machen, ihn zu kontrollieren und an dich zu binden. Zorn rührt von Projektion her, in der wir unsere Verantwortung jemand anderem aufbürden. Er ist eine Strategie des Egos, mit deren Hilfe wir uns vor Angriff schützen, indem wir andere Menschen zuerst angreifen. Das Ego macht uns glauben, dass, wenn wir angreifen, wir den Auswirkungen eines Angriffs entkommen können. Wenn diese Überzeugung ans Licht gebracht wird, ist es ganz leicht, sie loszulassen, weil wir erkennen, dass sie einfach lächerlich ist.

Wenn du dich wütenden Tiraden unterwirfst, dann opferst du dich auf und gerätst gleichzeitig in eine Verschwörung aus Beherrschung und Unterwerfung. Deine Aufopferung ist eine passive Form von Angriff. Es gibt andere Formen von Angriff, wie etwa Rückzug, passive Aggression und

Opferhaltung, die ein ebenso hohes Maß an Angriffsenergie in sich tragen wie direkte Aggression. Wenn dich der Angriff deiner Tigerfrau verletzt, dann benutzt du ihn als eine Form der Rache und emotionalen Erpressung. Jeder Versuch, der darauf aus ist, dass ein anderer Mensch sich schuldig fühlt, ist eine Form von Angriff. Wenn du deiner Tigerfrau helfen willst, ihren Angriff in leidenschaftliches Geben zu verwandeln, musst du zuerst deinen eigenen Angriff transformieren. Schuld und Angriff bedeuten, dass du deinem Ego die Treue geschworen hast, das lediglich darauf aus ist, Schuld und Angriff zu vergrößern, damit es uns beherrschen kann. Je mehr Angriff wir in uns tragen, umso mehr ist es unserem Ego gelungen, uns davon zu überzeugen, dass wir es brauchen.

Sei dir aller Versuche, Schuldgefühle zu wecken, und aller Formen von Angriff bewusst, zu denen beispielsweise Urteile und Groll gehören, weil sie Trennung anstelle von Verbindung verstärken. Das Ego versucht uns davon zu überzeugen, dass Beziehungen durch Schuld zusammengehalten werden und dass Angriff das Hauptinstrument ist, um dieses Ziel zu erreichen. Der Versuch, es vor Einsamkeit zu bewahren, ist jedoch genau das, was zu Einsamkeit führt. Das Ego will dieses Gefühl lindern, indem es uns davon überzeugt, dass körperliche Zweisamkeit das ist, was eine Beziehung ausmacht, und dass der Geist tun kann, was ihm beliebt. Ohne innere Verbindung auf der geistigen Ebene nimmt die Einsamkeit aber zu, und ihr geratet möglicherweise von einer „zornigen Allianz" in die nächste, ohne die Lektion jemals zu lernen.

Wenn ihr Handel mit euren Angriffsformen treibt, dann versucht ihr beide, den jeweils anderen zu kontrollieren, und habt Angst vor dem nächsten Schritt, der ein höheres Maß an Nähe bringt. Würdet ihr lieben, statt anzugreifen, dann würdet ihr Schritt für Schritt vorangebracht. Das erfordert Mut und Zentriertheit, ist aber äußerst wirkungsvoll. Es würde bedeuten, dass du deinem Ego, dem Teil deiner selbst, der in Versagen investiert, die Treue entziehst und sie stattdessen deinem höheren Bewusstsein schenkst.

Alle negativen Ereignisse – auch die, an denen deine Tigerfrau beteiligt ist – sind deine Fehlschöpfungen, die von tieferen Bewusstseinsebenen herrühren. Durch Vergebung kannst du diese Muster aus der Vergangenheit auflösen. Wenn negative Themen aus der Vergangenheit ans Licht kommen, sind sie fast immer mit schmerzhaften Emotionen verbunden, und du bist hier, um diese Emotionen zu heilen und zu vergeben. Wenn du in einem Konflikt mit deiner Tigerfrau einen Schritt vorangehst, dann löst sich der Konflikt auf und ihr profitiert beide davon, dass **du** den Mut hattest, diesen Schritt zu gehen.

Zorn verbirgt stets eine noch tiefere Emotion, die in Verletztheit, Traurigkeit, Schuld, Scham, Bedürfnis, Angst oder Frustration bestehen kann. Von welchen Gefühlen der Angriff deiner Tigerfrau genährt wird, kannst du erahnen, wenn du erkennst, was du selbst auf der tiefsten Ebene fühlst. Genau diese Emotion fühlt auch sie. Wenn dir bewusst wird, was ihr beide fühlt, dann kann dies der Beginn einer inneren Verbindung sein, die Kommunikation ermöglicht. Außerdem gibt es dir das Mitgefühl, das dich vergeben, und das Verstehen, das dich hinausreichen lässt, statt in Kampf oder Flucht zu verfallen.

Wenn eine Tigerfrau ihren Zorn heilt, dann ist sie auf einem guten Weg, ihr Bündnis mit dem Ego aufzugeben, das Schuld für seine Zwecke benutzt. Sie kann aus dem Teufelskreis von Schuld und Angriff aufsteigen. Wenn Liebe den Kreislauf aus Angst und Kontrolle ersetzt, treten Vertrauen und Miteinander an ihre Stelle. Deine eigene Heilung ist zugleich die Heilung deiner Tigerfrau, und ein Problem, das auftritt, weist euch auf einen Ort hin, an dem ihr beide einen falschen Weg eingeschlagen habt. Wenn die Energie in eurer Beziehung in Wahrheit anstelle von Angriff und Selbstangriff investiert wird, dann gelangt ihr beide einen großen Schritt voran. Je mehr du angegriffen wirst, umso größer wird deine Schuld und umso mehr glaubst du, Angriff verdient zu haben. Beende diesen Kreislauf jetzt. Bitte den Himmel um Hilfe und nimm emotionale Reife an, statt in Zorn, Schuld, Angst und Verletztheit zu investieren. Vergib ihr und verwandle eure Beziehung in eine Himmelsleiter. Vermutlich ist dies einer der Bereiche in eurer Beziehung, in dem du ein klareres Verständnis der Situation hast, denn eine angriffssüchtige Tigerfrau ist blind. Wenn du ihr in diesem Bereich hilfst, wird sie dir auf andere Weise helfen. Sie wird eine gute Partnerin sein und dir in dem Maße den Rücken freihalten, in dem du dasselbe für sie tust. Und sofern du diese Beziehung nicht nur benutzt, um dich zurückzuhalten, bist du hier, um diese Lektionen zu lernen und deiner Partnerin zu helfen, damit ihr beide nicht nur schrittweise, sondern in großen Sprüngen vorankommt.

Missbräuchliche Tigerfrauen

E s ist wichtig, dass du deiner Tigerfrau nicht gestattest, dich in irgend-einer Weise zu missbrauchen. Du magst dich fragen, wie du sie daran hindern sollst, wo sie doch vielleicht schon viele Jahre vor eurer ersten Begegnung so war oder dieses Verhalten zumindest in all den Jahren, in denen du mit ihr zusammen bist, immer an den Tag gelegt hat. Alles verändert sich, und du kannst deine Beziehung in eine bessere Richtung führen, weil es einen besseren Weg geben muss als den, dich missbrauchen zu lassen. Gestatte deiner Partnerin nicht, dich in irgendeiner Weise zu missbrauchen, weil dieses Verhalten zur Folge hat, dass ihr euch beide schuldig fühlt, und Schuld verstärkt genau die Handlungsweise, deretwegen ihr Schuldgefühle habt.

Höre auf deine innere Führung, wenn es darum geht, wie du dich verhalten sollst, wenn deine Tigerfrau dir gegenüber ein missbräuchliches Verhalten an den Tag legt. Lasse weder körperliche noch emotionale oder irgendeine andere Form von Gewalt zu, weil dies negative Auswirkungen auf dich selbst, deine Partnerin und die Beziehung hat. Bitte deine Partnerin, damit aufzuhören. Erkläre ihr, dass du nicht dazu bereit bist, dich noch länger an einer Situation zu beteiligen, in der du missbraucht wirst. Wenn sie nicht aufhört, ziehe dich aus der Situation zurück. Auch hier besteht das beste Heilmittel, das ich bisher entdeckt habe, darin, deine Tigerfrau mit Liebe zu erfüllen, während sie dich angreift. Auf der Gefühlsebene ist sie weit offen, und wenn du energetisch Liebe in sie einströmen lässt, kannst du erstaunliche Veränderungen bewirken. Manchmal geschehen sie sogar schon in dem Moment, in dem du es tust, aber in der Regel werden die Auswirkungen zu einem späteren Zeitpunkt sichtbar.

Wenn du willst, dass eine missbräuchliche Situation sich ändert, musst **du** die *Bereitschaft* dafür aufbringen, dass sowohl bei euch als auch in der Situation eine Veränderung eintritt. Im Rahmen meiner langjährigen

Arbeit mit unzähligen Klienten habe ich das Unterbewusstsein eingehend studiert, und dabei ist mir klar geworden, dass es einen verborgenen Grund gibt, aus dem wir wollen, dass die Dinge so sind, wie sie sind, was natürlich der Grund dafür ist, dass wir ihn vor uns selbst verbergen. Wir sind zweckgerichtete Geschöpfe, und jede Situation ist eine geheime Absprache, die uns auf ganz bestimmte Weise dient. Wozu benutzt du die missbräuchliche Situation, in der du dich befindest?

Ein häufiger Grund ist, dass jeder Kampf mit Angst verbunden ist und dass die Angst uns lähmt und der Kampf uns davon ablenkt, den nächsten Schritt zu gehen. Das liegt wiederum daran, dass unsere Angst davor, den nächsten Schritt zu gehen, größer ist als unsere Angst vor dem Kampf. Wir glauben nicht, dass wir den nächsten Schritt werden bewältigen können. Wir fürchten, etwas Wichtiges zu verlieren, was dazu führt, dass wir fehlschöpfen, und der Kampf ist die Folge unserer Fehlschöpfung.

In einer missbräuchlichen Situation zu verharren ist Aufopferung, die deinen Wert nicht nur in deinen eigenen Augen herabsetzt, sondern auch in den Augen deiner Partnerin. Wenn der Missbrauch nicht nur beiläufig erfolgt, wirst du zum Märtyrer. Wie Aufopferung hat auch diese Rolle ihren Ursprung in der Familie, in der du aufgewachsen bist. Sie hat deiner Familie damals nicht geholfen, und sie wird auch jetzt nicht helfen. Rollen erhalten Trennung aufrecht. Sie erwecken den Anschein, dass du gibst, sind aber nicht echt und gehen mit Aufopferung einher. Sie erzeugen Konkurrenz, Trennung und Angriff unter dem Deckmantel, etwas für die Beziehung tun zu wollen. In einer Rolle tust du Dinge, bringst dich dabei aber nicht wirklich ein, sodass es nur wie Geben aussieht. Rollen sind unbefriedigend. Sie erwecken den Anschein, dass du gibst, aber in Wirklichkeit lassen sie, um es mit den Worten von T. S. Eliot auszudrücken, nur „die Verlangenden des Hungers sterben". Mag es an dieser Stelle damit genug sein, wenn ich sage, dass du durch Aufopferung deinen eigenen Wert herabsetzt, ohne deiner Partnerin einen Wert zu verleihen.

Eine missbräuchliche Situation weist auf eine besondere Beziehung hin, die dem Schrein des Egos gewidmet ist. Eine besondere Beziehung stellt die beste Abwehrstrategie dar, die das Ego gegen echte Nähe und eine glückliche Beziehung aufzubieten hat. Sie sorgt dafür, dass du von deiner Beziehung besessen bist, statt deine eigene Heilung voranzutreiben und Schritte in Richtung Ganzheit zu gehen. Sie sorgt dafür, dass du im Traum gefangen bleibst. Eine Beziehung, die Ganzheit und Frieden gewidmet ist, ist das beste Instrument, das der Himmel uns geben kann, um uns rascher voranzubringen und zu befreien, weil sie uns zur Wahrheit und zum Erwachen führt.

In einer besonderen Beziehung geht es einzig und allein um uns und unsere Bedürfnisse, nicht aber um die Beziehung oder um unseren Partner. Missbrauch und Aufopferung sind zwei Merkmale einer besonderen Beziehung. Aufopferung soll zeigen: „Schau nur, wie schwer es für mich ist!" oder „Schau nur, was ich mir gefallen lassen muss!"

Wenn du dich selbst nicht wertschätzt und liebst, kann auch die Liebe und Wertschätzung deiner Partnerin dich nicht erreichen. Wertschätze deshalb deine Tigerfrau, indem du ihr nicht gestattest, dich zu missbrauchen. Wenn sie sich dir gegenüber in irgendeiner Form missbräuchlich verhält, ist es wichtig, sie wissen zu lassen, dass du damit nicht einverstanden bist und dass ihr Verhalten jedem positiven Ziel der Beziehung entgegensteht. Dies ist eine Situation, in der du, um deine Tigerfrau zu retten, manchmal anfangen musst, Grenzen zu setzen, deine Tigerfrau zu zähmen und sie zu lehren, aufrichtig zu handeln. Der erste Schritt dazu besteht darin, sie wissen zu lassen, dass missbräuchliches Verhalten nicht funktioniert, dass es sie und die Beziehung verletzt und dass das, was sie sagt, und die Art und Weise, wie sie es sagt, eine Form des Angriffs sind, der erklärt, dass sie sich in Wahrheit schwach und hilflos fühlt. Durch ihren Angriff werden Angst, Schwäche und Hilflosigkeit nur vergrößert. Angriff wird durch Angriff nicht beendet, sondern verstärkt. Wenn du dich in dich selbst zurückziehst, während sie angreift, dann ist auch das eine Form von Angriff, die dazu dient, Angreifern einen Strich durch die Rechnung zu machen. Es führt keine Lösung herbei und ist nur dann ratsam, wenn deine Tigerfrau überhaupt nicht mehr ansprechbar und keinen Vernunftgründen mehr zugänglich ist.

Missbräuchliche Partner haben in der Beziehung fast immer die unabhängige Position inne. Nur die fortgesetzte Verpflichtung zur Ebenbürtigkeit bringt deine Beziehung wieder in ein Gleichgewicht und zeigt, dass es neben Streit und Kampf auch noch andere Lösungsformen gibt.

Von der Tigerfrau
zur Drachenfrau

Eine Tigerfrau, die sich in Konkurrenz und Gewinnen-Wollen verstrickt, ist nur einen kleinen Schritt davon entfernt, sich in eine Drachenfrau zu verwandeln. Gegenüber den Menschen, die sie für geringer
erachtet als sich selbst, kann eine Drachenfrau äußerst grausam sein. Sie
ist nur daran interessiert, ihren eigenen Willen durchzusetzen, und meist
ist sie in dem, was sie tut, so kompetent, dass sie auf kurze Sicht nahezu
immer Recht behält, auf lange Sicht aber in eine Falle gerät. Ihre Gier und
ihr Bedürfnis, zu gewinnen und zu kontrollieren, hindern sie daran, sich
vor allem im Hinblick auf ihre Herzensqualitäten zu entwickeln und zu
lernen. Sie gewinnt fast alle Schlachten, verliert aber den Krieg, wenn es
um sie selbst und ihre Beziehungen geht. Sie will nicht hören, dass ihre Art
und Weise, die Dinge anzugehen, selbstschädigend ist, weil sie es wegen
ihres Tatendrangs, ihrer Kompetenz und ihrer aufbrausenden Art meist
schafft, das zu bekommen, was sie will. Leider bleibt eine Tigerfrau, die
sich in eine Drachenfrau verwandelt, oft stecken, wenn sie nicht jemandem
begegnet, der von einer höheren Ebene des Bewusstseins und der Nähe aus
agiert und sie entsprechend inspirieren und anleiten kann. Anderenfalls
kann sich ein gewisses Maß an Unnachgiebigkeit und Selbstgerechtigkeit
aufbauen und sie gleichsam in ihr eigenes Denken einmauern. Wenn das
Leben und ihr höheres Bewusstsein beschließen, sie zu befreien, dann ist
dazu manchmal schweres Geschütz vonnöten, und sie weiß es mit Sicherheit nicht zu schätzen.

Eine verwundete Tigerfrau, die den Weg der Kontrolle einschlägt, wird
zu einer Drachenfrau. Eine Drachenfrau hat für die meisten Männer nur
Verachtung übrig. Sie tritt so überlegen auf, dass sie den Menschen in
ihrer Umgebung große Angst einflößt, aber genau die Gefühle, die sie

anderen Menschen einflößt, hat *sie* selbst die ganze Zeit gespürt. Wegen ihres aufbrausenden Verhaltens, das von der darunter verborgenen Angst vor Nähe und vor ihrer wahren weiblichen Seite gesteuert wird, findet eine Drachenfrau nur selten einen Partner. Drachenfrauen sind Tigerfrauen, die sich weder zu ihrer weiblichen Seite bekennen noch ihre Lebensaufgabe erfüllen. Tigerfrauen, die ihre weibliche Seite annehmen, besitzen Kreativität, Vision und wahre Liebe. Sie erfüllen das heilige Versprechen ihrer Lebensaufgabe, die darin besteht, ein strahlendes Licht für andere Menschen zu sein.

Ich habe mit vielen Frauen gearbeitet, die glaubten, nicht gewollt zu sein, weil sie als Frauen zur Welt kamen. Es ist nicht schwer, diesen Frauen zu zeigen, dass das Verhalten ihrer Eltern ihnen gegenüber nicht auf dem beruht, was der Tochter fehlt, sondern einzig und allein auf dem, was den Eltern fehlt. In einem tiefgreifenden Prozess der Heilung zeigt sich, dass die Tochter das, was die Eltern ihr nicht geben konnten, in dieses Leben mitgebracht hat, um es ihnen zu geben. Genau das zeigt das Unterbewusstsein: Das Gefühl, als Frau nicht gewollt zu sein und zurückgewiesen zu werden, ist immer eine Projektion, die in Wahrheit zeigt, dass jemand die eigenen Eltern zurückgewiesen hat, die ihrerseits das Weibliche verurteilt haben. Ein Kind kann das geben, was seinen Eltern gefehlt hat, denn es hat genau diese Gaben auf einer Seelenebene mitgebracht, um seine Eltern zu heilen.

Das Gefühl, nicht gewollt zu sein, rührt nicht von den Dingen her, die unsere Eltern gesagt oder getan haben. Es kommt aus uns selbst und ist entstanden, als wir entschieden haben, sie wegen ihres Verhaltens zurückzuweisen. Wir können dieses ursprüngliche, falsche Muster des Sich-ungewollt-Fühlens transformieren, indem wir unsere Eltern annehmen, statt sie zurückzuweisen. Wir können die Tür zu einem Leben voller Liebe öffnen, die wir aufgrund eines Missverständnisses verschlossen hatten.

Der Ursprung unserer Emotionen liegt in uns selbst, denn sie rühren von unseren eigenen Entscheidungen und von unserem eigenen Handeln her. Wenn wir zurückweisen, werden wir uns über kurz oder lang zurückgewiesen fühlen. Wenn unsere Eltern uns scheinbar nicht wollen, wir aber nicht aufhören, sie zu lieben, dann fühlen wir uns trotz allem geliebt und bleiben unberührt von dem, was in ihnen vorgeht. Wenn wir sie dagegen zurückweisen aufgrund von Dingen, die sie fühlen oder tun, dann dauert es nicht lange, bis wir uns zurückgewiesen fühlen. Wenn wir unsere Eltern nicht wollen aufgrund von Dingen, die sie getan oder gefühlt haben, dann haben wir selbst das Gefühl, ungewollt zu sein. Wenn Eltern ein Mädchen nicht wertschätzen, dann liegt es daran, dass sie ihre eigene weibliche Seite nicht wertschätzen. Die Aufgabe des Mädchens besteht deshalb fast immer darin, ihre Eltern etwas über den Wert des Weiblichen zu lehren, und in dem Maße, in dem sie es energetisch tut, kann sie sich selbst von dieser frühen Diskriminierung befreien.

Ich habe in solchen Fällen auch unbewusste Muster entdeckt, in denen die Frau selbst das Weibliche nicht wertgeschätzt hat. Alle diese Dinge bedürfen der Heilung, und diese Heilung beginnt mit der Erkenntnis, dass wir selbst für unsere Emotionen, unsere Wahrnehmung und Erfahrung verantwortlich sind. Und dass unsere Eltern für bestimmte Schlüsselaspekte unserer eigenen Seele stehen, die zu heilen wir uns zur Aufgabe gemacht haben. Sonst wird Veränderung schwierig oder sogar unmöglich, weil wir unser gespaltenes Bewusstsein auf unsere Eltern und auf die Gesellschaft projizieren. Wenn das Missverständnis geheilt ist, das zu unserem Gefühl des Nicht-gewollt-Seins geführt hat, können wir mühelos die Tür öffnen, um endlich die Liebe zu empfangen, die unsere Eltern für uns empfunden haben und noch immer empfinden. Wenn eine Tigerfrau ein Missverständnis wie dieses heilt, dann wächst ihre Fähigkeit, eine echte partnerschaftliche Verbindung einzugehen, in überdurchschnittlichem Maße, und Konkurrenz wird in Kreativität und Leidenschaft verwandelt.

Im Laufe der letzten sechs Jahre hatte ich wiederholt die Eingebung, einige Drachenfrauen, die glaubten, ihre Eltern würden das Weibliche ablehnen, in ein oder mehrere „vergangene Leben" zurückzuführen, die zu ihrem gegenwärtigen Leben geführt hatten. Ganz gleich, ob diese Vorstellung für dich eine wörtlich zu nehmende, metaphorische oder symbolische, einem Traum ähnliche Bedeutung hat, birgt sie das Muster in sich, das die Falle aufrechterhält. Bisher ist jede Frau, mit der ich gearbeitet habe, in eines oder sogar mehrere Leben zurückgekehrt, in denen sie ein Mann war, sich Frauen gegenüber missbräuchlich verhalten und das Weibliche herabgewürdigt hat. In ihrem jetzigen Leben wurden diese Frauen mit genau der Einstellung und dem daraus resultierenden Verhalten konfrontiert, das sie in ihrem früheren Leben selbst verkörpert hatten, nun jedoch nach außen auf ihre Eltern projizierten. Die Klärung dieses Musters durch das Sinnbild eines „früheren Lebens" gab ihnen die Möglichkeit, diese Familien- und Ahnenthemen mühelos aufzulösen, indem sie die Seelengaben, die sie mitgebracht hatten, mit ihrer Familie und ihren Ahnen teilten, um sie von dieser Negativität in Bezug auf das Weibliche zu befreien. Die Frauen, denen es gelang, die unbewussten Muster zu heilen, wurden sich dann der Gaben des Himmels bewusst und waren bereit, sie zu empfangen und zu teilen. Sie befreiten ihre Familien und ihre Ahnen von deren selbstschädigender Einstellung gegenüber dem Weiblichen, das für unsere natürliche Fähigkeit des Empfangens und des Genießens steht. Das gab ihnen die Möglichkeit, ihre weibliche Seite wertzuschätzen, die alles war, was ihnen fehlte, um ihre Beziehung erfolgreich zu gestalten und auch im Beruf auf eine höhere Ebene des Erfolges zu gelangen.

Von der Tigerfrau
zur Tyrannin

Eine Tigerfrau, die sich nicht für Vertrauen, sondern für Angst entschieden hat, entwickelt ein zwanghaftes Bedürfnis nach Kontrolle.
Ohne Vertrauen kann es keine Liebe geben. Ohne Vertrauen gibt es nur
Angst, Herzensbruch und – auf einer tieferen Ebene verborgen – Rache,
die überall dort geübt wird, wo frühere Verletzungen nicht geheilt wurden.
Der Ursprung des gespaltenen Bewusstseins, das vom Verlust der Verbundenheit herrührt und Ursache aller Verletzungen und Herzensbrüche ist,
reicht natürlich noch weiter in die Vergangenheit zurück, aber in dem
Maße, in dem die aus dem Verlust unserer Verbundenheit herrühren-
den Bedürfnisse zu einem Versuch wurden, Dinge zu nehmen und zu
bekommen, ist es schließlich endgültig in die schier unerträgliche Qual
von Herzensbruch und Rache zerbrochen.

Wir erkennen nicht, dass jeder Herzensbruch auf eine falsche Entscheidung zurückgeht, die wir getroffen haben und die zu ihm und zu der
daraus folgenden Rache geführt hat. Wir sind auf das Angebot unseres
Egos hereingefallen, das uns Unabhängigkeit, Kontrolle und Besonderheit
versprochen hat, und waren bereit, den Preis von Angst und Schmerz
dafür zu zahlen. Die Abwehrstrategie des Egos gegen diesen Schmerz ist
Dissoziation, die für unwahre Unabhängigkeit oder das Verlangen steht,
dass alles nach unserem Willen laufen soll. Dissoziation blockiert nicht
nur Schmerz, sondern auch Liebe, unsere Fähigkeit zu empfangen und
jede Form von Belohnung. Unser erster Fehler bestand darin, dass wir die
Trennung gewählt haben, anstatt uns für die Heilung zu entscheiden, die
zur Ganzheit auf einer höheren Ebene führt. Die ursprüngliche Trennung
wurde zu einem Muster aus Opferrolle, Herzensbruch und Rache, das sich
zu einem Muster der Kontrolle weiterentwickelt hat. Wenn es schließlich so

weit gekommen ist, dann erzählen wir uns und anderen Menschen traurige Geschichten, die von Herzensbruch und Verrat handeln.

Eine Tigerfrau voller Selbstvertrauen ist ein wunderbarer Anblick. Sie gibt den Ton an, wenn es um die Wahrheit geht. Sie geht mit Mut und Führungsstärke auf dem Weg voran. Eine Tigerfrau, die kontrollieren will, verstrickt sich dagegen in endlose Machtkämpfe mit allen Menschen in ihrer Umgebung. Dies ist nur ein Zeichen dafür, dass sie sich vor ihrer Größe und davor fürchtet, wer sie wirklich ist. Eine Tigerfrau, die verwundet wurde und deren Verletzung nicht vollständig geheilt ist, entwickelt irgendwann das zwanghafte Bedürfnis nach Kontrolle, und jeder denkbare Autoritätskonflikt ist ihr Erbteil.

Eine zur Drachenfrau gewordene Tigerfrau, die nicht erlöst wird, verwandelt sich allmählich in eine Tyrannin. Ihre Feigheit und das Versagen, ihre wahre Natur zu erkennen und ihre Lebensaufgabe zu erfüllen, verwandeln ihre Tigernatur in die Natur einer Tyrannin, die schwächere Menschen skrupellos ausnutzt und als Sklaven missbraucht. Eine Tyrannin hat ihre Verletzungen niemals geheilt und ist gefährlich. Sie ist keine Beschützerin, sondern ein Raubtier. Angst und Gefühle der Schwäche führen dazu, dass sie aus Aggression und Angriff statt aus echter Macht heraus lebt. Sie will dominieren, um ihre Angst zu kontrollieren, weil sie sich vor ihrer wahren Macht und Leidenschaft fürchtet.

Durch den Versuch, andere Menschen zu kontrollieren, wird eine Tigerfrau selbst offen dafür, kontrolliert zu werden. Durch den Versuch, andere Menschen zu beherrschen, kann es ihr passieren, dass sie selbst beherrscht wird. Dadurch, dass sie zur Tyrannin wird, kann sie selbst entweder von ihren inneren Gedanken und Gefühlen oder einer größeren, beherrschenden Kraft außerhalb ihrer selbst tyrannisiert werden. Statt ihrer natürlichen Berufung zu folgen, die darin besteht, die Schwachen gegen jede Form von Tyrannei zu beschützen, ist sie selbst zur Tyrannin geworden.

Wenn Tigerfrauen außer Rand und Band geraten

Wenn eine Tigerfrau nicht vor sich selbst gerettet wird, entwickelt sie sich zu einer Drachenfrau. Sie wird dominant und repressiv. Sie kann, muss aber nicht unbedingt verheiratet sein. Wenn sie verheiratet ist, dann hat ihr Partner in aller Regel ihrer Kontroll- und Angriffswut nachgegeben und die abhängige Position in der Beziehung eingenommen. Das ist kein sehr schöner Anblick. Noch schlimmer wird es, wenn eine Tigerfrau vollkommen aus ihrer Mitte geraten ist und sich zu einer rasenden Furie entwickelt. Dann ist sie besitzergreifend, eifersüchtig und abhängig, und sie setzt alles daran, ihre Bedürfnisse erfüllt zu bekommen. Die Drachenfrau und die rasende Furie sind zwei Beispiele dafür, wie eine Tigerfrau auf der Ebene des Herz-Chakras aus dem Gleichgewicht geraten kann. Ein Mann, der in dieser Weise besitzergreifend wird, kann zur Gewalttätigkeit neigen oder sich zum Stalker entwickeln.

Ein Mann, der sich zu einem Drachen entwickelt, kann hartherzig, gemein und grausam sein. Er entwickelt sich zu einem echten Schweinehund, während die Drachenfrau zur rasenden Furie wird. Kein schöner Anblick! Wenn auch das zweite Chakra einer Drachenfrau (das mit ihrem Selbstbild und Selbstwert zu tun hat und das zweite der beiden Sexual-Chakras ist) aus dem Gleichgewicht geraten ist, kann sie sich emotional gehen lassen, und sie scheint vor keinem Wutanfall gefeit zu sein. Wenn ihr drittes Chakra oder Kraftzentrum aus dem Gleichgewicht geraten ist, kann eine Drachenfrau gefährlich werden. Ihr Verhalten ist dann von Dominanz und Destruktivität geprägt und kann sogar diabolische Züge annehmen. Dies kann dramatische und leidvolle Zeiten für alle Menschen in ihrer Umgebung zur Folge haben, deren einzige Möglichkeit, ihr zu entrinnen, darin zu bestehen scheint, dass sie alle Bande hinter sich abbrechen und fortgehen. Manchmal ist nicht einmal Polizeischutz ausreichend, um eine Tigerfrau fernzuhalten, die sich von einer rasenden Furie zum männermordenden Weib entwickelt hat. Das kann dann passieren, wenn eine Tigerfrau illusionäre Wahnvorstellungen hat oder so machtgierig geworden ist, dass ihr Verhalten von einem extrem hohen Maß an Destruktivität geprägt ist.

Manchmal kann eine Tigerfrau sich innerhalb von sechzig Sekunden in eine rasende Furie verwandeln. Du kannst Folgendes tun, um zu verhindern, dass das geschieht.

1. Lasse möglichst nicht zu, dass du angegriffen wirst, da dies sowohl ihre als auch deine eigene Schuld vergrößert.
2. Gib deiner Tigerfrau ein möglichst großes Gefühl der Sicherheit.
3. Sage immer die Wahrheit – es sei denn, sie würde dich wirklich umbringen, wenn du es tust. Verpflichte dich zur Integrität und dazu, künftig ehrlich zu sein. Vergib dir selbst für Fehler, die du in der Vergangenheit gemacht hast, und gehe auf deine Tigerfrau zu.
4. Wenn deine Tigerfrau dich angreift, ist sie emotional sehr offen. Falls es dir möglich ist, sei geistesgegenwärtig genug, Liebe in sie einströmen zu lassen, und bitte die Göttliche Präsenz, es ebenfalls zu tun. Dies kann tiefgreifende Heilung bewirken.
5. Bringe dein Anliegen deiner Tigerfrau gegenüber klar zur Sprache, und teile ihr deine Erfahrung mit. Tue es in der Absicht, eine Brücke zu schlagen. Ihr Angriff rührt von fehlgeleiteten Bedürfnissen her. Deine Offenheit und Nähe können die Situation so transformieren, dass euer beider Bedürfnisse erfüllt werden – leidenschaftlich.
6. Stelle dir vor, dass deine Chakras – sieben Energie- und Lichträder, die sich von der Basis der Wirbelsäule bis zum Scheitelpunkt des Kopfes erstrecken – sich im Uhrzeigersinn drehen und voll aktiv sind. Dehne ihr Licht und ihre Energie dann bis zu den Chakras deiner Tigerfrau aus, sodass auch sie sich im Uhrzeigersinn drehen und voll aktiv sind. Lasse die Gaben der Liebe, des Friedens und der Unschuld von deinem Geist aus- und in sie hineinströmen. Wo Liebe, Frieden oder Unschuld gegenwärtig sind, kann es keinen Angriff geben.

7. Frage dich, wie viele Selbstkonzepte der rasenden Furie und der Drachenfrau du in dir trägst. Stelle dir vor, dass sie alle vor dir stehen. Stelle dir dann vor, dass alle rasenden Furien zu einer einzigen, riesigen rasenden Furie und alle Drachenfrauen zu einer einzigen, riesigen Drachenfrau verschmelzen. Lasse dann die rasende Furie und die Drachenfrau miteinander verschmelzen und gehe auf das Gebilde zu, das aus dieser Verschmelzung entstanden ist. Es ist ein Hologramm, eine dreidimensionale Projektion deines Selbstkonzepts, das eine Pforte verbirgt. Tritt in das Hologramm der rasenden Drachenfrau ein. Erkenne die Pforte und gehe hindurch. Es ist eine Pforte der Initiation. In den allermeisten Fällen gelangst du an einen lichtvollen Ort oder in eine schöne Szenerie inmitten der Natur. Solltest du, was nur äußerst selten geschieht, durch die Pforte treten und an einen Ort gelangen, der nicht von Licht und Schönheit erfüllt ist, bitte dein höheres Bewusstsein einfach darum, ihn mit Licht zu erfüllen und für dich zu transformieren.

8. Frage dich, wo die Wurzel für das gegenwärtige explosive Verhalten deiner Tigerfrau in deinem Leben liegt. Solche negativen Situationen haben immer eine Vorgeschichte.
Wenn du es wüsstest, wie alt warst du dann?
Wenn du es wüsstest, wer war dann bei dir?
Wenn du es wüsstest, was ist dann geschehen, das dieses Muster in Gang gesetzt hat?
Wenn du es wüsstest, wer hat dann ein so hohes Maß an Schmerz in sich getragen und an dich weitergegeben, dass er Teil deines eigenen Musters geworden ist?
Welche Seelengabe hast du mitgebracht, um den betreffenden Menschen in dieser Situation zu heilen?
Welche Gabe möchte der Himmel dem betreffenden Menschen durch dich geben, um ihm in seiner Not zu helfen?
Öffne beide Gaben und teile sie dann mit dem betreffenden Menschen in der ursprünglichen Situation.
Welche Ausrede hast du benutzt, um dich von deiner Lebensaufgabe und deiner Bestimmung abzuwenden?

Bekenne dich zu deiner Lebensaufgabe und deiner Bestimmung, und teile sie dann mit allen Menschen, die in der ursprünglichen Situation anwesend waren.

Wenn du das Gefühl hast, dass der Prozess in der ursprünglichen Situation abgeschlossen ist, bringe die Gaben, deine Lebensaufgabe und auch deine Bestimmung durch dein ganzes Leben zurück bis in die Gegenwart und teile sie mit deiner Tigerfrau.

9a. Frage dich, wenn du es wüsstest, in wie vielen Leben du dann selbst eine rasende Furie warst.

Wenn du es wüsstest, in welchem Land hast du dann das Leben gelebt, in dem das Muster in Gang gesetzt wurde?

Wenn du es wüsstest, warst du dann ein Mann oder eine Frau?

Wenn du es wüsstest, kanntest du dann in diesem vergangenen Leben jemanden, den du in deinem gegenwärtigen Leben auch kennst? Wer ist es?

Wenn du wüsstest, welches Ereignis in diesem vergangenen Leben das Muster der rasenden Furie in Gang gesetzt hat, dann war es vermutlich ....

Wenn du wüsstest, welche Lektion du in diesem vergangenen Leben lernen wolltest, dann ging es vermutlich um ....

Wenn du wüsstest, inwieweit du diese Lektion gelernt hast, dann war es vermutlich ....

Wenn du wüsstest, welche Gabe du mitgebracht hattest, um sie mit den Menschen in diesem vergangenen Leben zu teilen, dann war es vermutlich ....

Wenn du wüsstest, welche Gabe der Himmel dir gegeben hat, um sie den Menschen in diesem vergangenen Leben zu geben, dann war es vermutlich ....

Wenn du wüsstest, worin deine Lebensaufgabe und deine Bestimmung in diesem früheren Leben bestanden haben, dann war es vermutlich ....

Kehre in diesem vergangenen Leben in deine Kindheit zurück. Öffne die Tür zu deinen eigenen Gaben, empfange die Gaben des Himmels und bekenne dich zu deiner Lebensaufgabe und deiner Bestimmung.

Teile sie mit allen Menschen und allen Dingen, die dir in diesem Leben begegnen.

Wie entwickelt sich dieses Leben nun?

Bringe die geheilte Energie dieses vergangenen Lebens nun mit zurück in die Gegenwart, indem du durch alle nachfolgenden Leben gehst, bis du in diesem Leben und schließlich wieder im gegenwärtigen Moment angekommen bist.

Wie stellt sich die ganze Situation nun dar?

9b. Wiederhole die obige Übung anschließend mit der Schattenfigur der Drachenfrau. Wenn du es willst, kannst du sie sogar mit der Tigerfrau durchführen, die du in dir trägst.

10. Frage dich, wenn du es wüsstest, ob das Muster der rasenden Furie in der Familie deines Vaters oder in der Familie deiner Mutter von Generation zu Generation weitergegeben wurde.

a) Wenn es in der Familie deines Vaters von Generation zu Generation weitergegeben wurde, frage dich, wenn du es wüsstest, vor wie vielen Generationen das Muster in Gang gesetzt wurde.

Wenn du es wüsstest, hat es dann mit einem Mann, einer Frau oder beiden begonnen?

Wenn du wüsstest, in welchem Land das Muster begonnen hat, dann war es vermutlich ....

Wenn du wüsstest, was damals dort geschehen ist, das dieses Muster in Gang gesetzt hat, dann war es vermutlich ....

Wenn du wüsstest, wie dieses Leben sich daraufhin entwickelt hat, dann war es vermutlich ....

Wenn du wüsstest, was an die Kinder weitergegeben wurde, dann war es vermutlich............................... .

Wenn du wüsstest, was innerhalb der Familie weitergegeben wurde, dann war es vermutlich ....

Stelle dir nun vor, dass du dich an diesem Ort befindest, und frage dich, welche Lektion deine Vorfahren in diesem vergangenen Leben lernen wollten. Wenn du es wüsstest, dann war es vermutlich eine Lektion in Bezug auf ....

Wenn du wüsstest, welche Gabe der betreffende Mensch in diesem

Leben besaß, um sie mit den Menschen in seiner Umgebung zu teilen, dann war es vermutlich.............................. .

Wenn du wüsstest, welche Gabe der Himmel ihm gegeben hat, um sie mit den Menschen in seinem Leben zu teilen, dann war es vermutlich die Gabe ....

Kehre in die Kindheit des betreffenden Menschen zurück und hilf ihm, seine eigenen Seelengaben zu öffnen und die Gaben des Himmels zu empfangen. Teile diese Gaben anschließend mit allen Menschen und allen Dingen in seiner Umgebung. Wie entwickelt sich dieses Leben jetzt?

Was wird an die Kinder weitergegeben? Nimm wahr, wie es durch alle Generationen bis zu dir weitergegeben wird und sich auf diesem Weg auch auf Tanten, Onkel, Cousins und andere Verwandte ausdehnt. Wie fühlt es sich an, wenn es bei dir ankommt?

b) Wende dich nun der Familie deiner Mutter zu.

Frage dich, wenn du es wüsstest, welche Seelengabe du dann in dieses Leben mitgebracht hast, um die Familie auf der Seite deiner Mutter zu heilen.

Welche Gabe möchte der Himmel dir geben, um die Familie deiner Mutter zu heilen?

Öffne deine eigene Gabe, empfange die Gabe des Himmels und lasse beide dann energetisch in deine Mutter einströmen. Sobald sie davon erfüllt ist, reiche die Gaben auf ihrer Seite der Familie von Generation zu Generation weiter, bis schließlich die Generation geheilt ist, in der das Problem ursprünglich entstanden ist.

c) Führe diese heilende Übung nun auch mit der Familie deines Vaters durch.

d) Wiederhole den obigen Prozess der Ahnenheilung mit dem Konzept der Drachenfrau.

11. Je tiefer du dich mit deiner rasenden Furie oder Drachenfrau verbindest, umso mehr verwandelt sie sich in deine Tigerfrau zurück. Der Anblick einer Tigerfrau, die so rasch aus dem Gleichgewicht gerät, kann sehr verstörend sein, aber je mehr du dich von Geist zu Geist und von Herz zu Herz mit ihr verbindest, umso seltener geschieht es.

Tust du es nicht, wirst du dagegen allen Grund haben, es zu bereuen. Das kann sogar so weit gehen, dass du die Beziehung verlierst. Wenn du deine Tigerfrau wirklich liebst, mache es dir also jeden Morgen unmittelbar nach dem Aufwachen und jeden Abend unmittelbar vor dem Schlafengehen zur obersten Priorität, dich emotional mit ihr zu verbinden und eines Geistes mit ihr zu werden. Wenn du es jeden Tag tust, dann baust du eine Nähe auf, die deiner Tigerfrau die Sicherheit gibt, die sie braucht, um diese radikale Energie in Liebe, Leidenschaft und Macht zu verwandeln. Ohne diese Nähe kann es leicht passieren, dass du aufgibst und von deiner Tigerfrau davongejagt wirst. Die Investition, die du jetzt tätigst, kann sowohl deine Beziehung als auch dein Leben grundlegend verändern.

Wenn du mit deiner Tigerfrau eine erfolgreiche Beziehung führst, könnt ihr dank eurer gemeinsamen Macht großen Erfolg in jedem Bereich erzielen, in den ihr euch einbringt. Euer gemeinsamer Beitrag ist an eure Lebensaufgabe und an euer Glücklichsein geknüpft. Ihr habt nicht nur eine persönliche Lebensaufgabe, die jeder von euch erfüllen muss, sondern auch eine gemeinsame Aufgabe, die eure Beziehung zu erfüllen hat.

Ereschkigal

E reschkigal ist eine dunkle babylonische Göttin. Sie war bekannt dafür, dass sie Männer an Haken in ihrer Höhle aufhängte, um sie dann später genüsslich zu verspeisen. Sehr unschön! Ereschkigal ist ein Aspekt des dunklen Weiblichen in seiner Partnerin, dem sich fast jeder Mann stellen muss. Wenn er sich Ereschkigal nicht stellt und sie nicht bezwingt, dann wird er versklavt und gefoltert, und die Chance auf eine glückliche Beziehung ist sehr gering. In der Beziehung zu einer Tigerfrau kann dies noch einmal verstärkt der Fall sein. Um dich Ereschkigal zu stellen, brauchst du großen Mut und das Wissen, dass Gott nicht dein Co-Pilot, sondern der Pilot ist.

Du kannst Ereschkigal nicht entgegentreten, indem du Abwehrmechanismen in Stellung bringst oder sie angreifst. Lege daher Schwert, Schild und Rüstung ab. Sie fordern nur einen noch heftigeren Angriff heraus. Wenn du dich vor Angriff nicht fürchtest, dann wirst du das tun, was getan werden muss. Du näherst dich Ereschkigal nackt und wehrlos und bietest ihr die Gnade des Himmels dar. Gott geht mit dir, wenn du erkennst, dass er an deiner Seite ist. Der Prozess ist erst dann vollendet, wenn du dich mit Ereschkigal von Herz zu Herz und von Geist zu Geist verbunden hast. Erst dann wird sie durch die Liebe eines reinen Herzens erlöst und transformiert und ihre destruktive Kraft in gebündelte, schöpferische und lebensstiftende Energie verwandelt.

Tigerfrauen und Konflikte

Tigerfrauen geraten in viele Konflikte, und es kann durchaus passieren, dass diese Konflikte an ihnen abperlen, als würden sie ihnen kaum etwas ausmachen. Es gibt jedoch auch eine andere Art von Tigerfrau, die zur Dramatik neigt und in noch mehr Konflikte gerät. Sie kann sehr emotional sein, und wenn sie in der Zeit zwischen dem dritten und achten Monat im Mutterleib ein Trauma erlitten hat, dann kann es passieren, dass sie Schwierigkeiten magisch anzieht oder selbst die geborene Unruhestifterin ist. Es ist nicht ungewöhnlich, dass sie mit Nachbarn, Arbeitskollegen und der Familie in Streit gerät. Dieses von emotionalen Konflikten geprägte Leben kann äußerst zermürbend sein, und es kann passieren, dass eine Tigerfrau, die in diese Falle geraten ist, sich irgendwann körperlich und emotional aufgerieben und fast jede Hoffnung verloren hat. Dann besteht die Gefahr, dass sie darüber nachdenkt, sich das Leben zu nehmen.

Wenn du weißt, dass deine Tigerfrau diese Veranlagung besitzt und sich in viele anstrengende Konflikte verstrickt hat, dann ist es an dir, ihr zu helfen. Teile dein Wissen über das im Mutterleib erlittene Trauma mit ihr, und bediene dich aller Heilmethoden, die du beherrschst, um ihr zu helfen. Bete, manifestiere und erhebe Anspruch auf die Heilung, die euch beiden zusteht. Bitte um die Hilfe des Himmels, und bete für ein Wunder.

Dazu wollen wir nun die intuitive Methode nutzen. Vertraue dem, was dir in den Sinn kommt, während du diese Übung durchführst, weil deine Intuition und deine Bereitschaft, Antworten auf deine Fragen zu erhalten, jede Abwehr durchdringen.

Intuitive Betrachtung

Wenn du wüsstest, in welchem Monat im Mutterleib das Trauma geschehen ist, dann war es vermutlich im ____ Monat.

Wenn du wüsstest, wer an diesem Ereignis beteiligt war, dann war(en) es vermutlich ....

Wenn du wüsstest, was in dieser Situation geschehen ist, dann war es vermutlich ....

Wenn du wüsstest, welche Auswirkungen dies auf dich gehabt hat, dann war es vermutlich ....

Wenn du die volle Verantwortung für das Ereignis übernimmst und erkennst, dass alle, die daran beteiligt waren, ein Spiegel deiner unterbewussten Wünsche und deiner unbewussten Muster und Selbstkonzepte waren, dann kannst du eine andere Entscheidung treffen.

Frage dich, auf welche Weise dir dieses Ereignis gedient hat.

Worin bestand die Belohnung für dieses Ereignis?

Frage dich, was dieses Ereignis dir zu tun erlaubt hat.

Was brauchtest du nicht zu tun?

Wovor hast du dich gefürchtet, sodass du das Ereignis herbeigeführt hast, um dich zu schützen?

Wie sehr (in Prozent) hast du dich damals selbst herabgesetzt?

Wie hat es sich auf dich und dein Leben ausgewirkt?

Worin bestand deine Lebensaufgabe, vor der du davongelaufen bist?

Welche Ausrede hat es dir geliefert?

Welche alte Schuld wolltest du tilgen?

Wen hast du zum „bösen Buben" gemacht, obwohl du in Wirklichkeit dazu aufgerufen warst, ihm zu helfen?

Die intuitiven Antworten auf diese Fragen lassen dich allmählich erkennen, dass das Ereignis nicht nur auf einer geheimen Absprache beruhte, sondern eine Fehlschöpfung deiner Vergangenheit war, ein Aspekt einer dunklen Geschichte, die du erzählt hast.

Zu welcher Geschichte, die du erzählst, gehört dieser Vorfall?

Wie viele Geschichten dieser Art erzählst du?

Welchen Zweck verfolgst du damit, dass du diese Geschichten erzählst? Die Antworten auf diese Fragen machen es dir leichter, anderen Menschen und dir selbst zu vergeben, weil Vergebung nicht nur alle Menschen befreit, die an der Situation beteiligt waren, sondern auch deine Wahrnehmung und damit deine Geschichte verändert.

Übung der Vergebung

Die folgende Übung der Vergebung soll dazu dienen, dich und alle anderen an der Situation beteiligten Menschen zu befreien. Es ist eine heilende Übung aus *Ein Kurs in Wundern*. Betrachte die Situation, die dein Geist heraufbeschworen hat, und entscheide dich immer wieder dafür, dir und allen anderen Menschen zu vergeben. Sei nicht besorgt, wenn die Situation sich zunächst nicht verändert oder sogar zu verschlimmern scheint. Es sind Fortschritte. Vertraue einfach dem Prozess. Betrachte die Situation und erkläre:

1. Ich will vergeben, und dieses wird verschwinden.
   Wie stellt sich das Ereignis nun für dich dar?
2. Ich will vergeben, und dieses wird verschwinden.
   Wie stellt es sich jetzt für dich dar?
3. Ich will vergeben, und dieses wird verschwinden.
   Wie stellt es sich jetzt für dich dar?
4. Ich will vergeben, und dieses wird verschwinden.
   Wie stellt es sich jetzt für dich dar?
5. Ich will vergeben, und dieses wird verschwinden.
   Wie stellt es sich jetzt für dich dar?

Stelle dir diese Frage mindestens zwanzig Mal oder so oft, bis du in einen Zustand tiefen Friedens gelangst und die Situation von Erfolg und Freude geprägt ist.

Verbindung

Neben der intuitiven Rückkehr zu dem Ereignis im Mutterleib ist Verbindung eine weitere Methode, die eine tiefe Wirkung haben kann, wenn es darum geht, dieses Muster zu transformieren. Stelle dir einfach vor, dass der Schmerz und die Trennung, die in diesem frühen Alter im Mutterleib begonnen haben, zwischen dir und dem Menschen stehen, der bei diesem Vorfall zugegen war. Bitte um den heiligen Augenblick, einen Moment tiefer Verbindung, der vorübergehend ein Tor in die Zeitlosigkeit öffnet. Verbinde dich mit dem betreffenden Menschen dann von Geist zu Geist, bis ihr eines Geistes geworden seid. Erfülle die Situation mit Liebe und löse alles auf, was nicht Liebe zwischen euch ist. Trennung ist das, was Probleme erzeugt. Verbindung bewirkt, dass der Konflikt durch die Chakras nach oben steigt. Jeder Durchbruch zum nächsthöheren Chakra bringt Erleichterung und Freude. Setze den Prozess aber trotzdem fort, bis du am vierzehnten Chakra angekommen bist, dem siebten Chakra oberhalb deines Kopfes. Hier erfährst du ein Gefühl der Glückseligkeit, das häufig mit tiefer Freude oder hemmungslosem Lachen einhergeht.

Verbindung ist eine Übung, bei der Augenkontakt hergestellt wird. Setze dich bequem und in einer offenen Körperhaltung hin. Bitte um die Hilfe des Himmels. Blicke deiner Tigerfrau in die Augen und fühle, was du fühlst. Nimm dir ein wenig Zeit, um mit dir selbst in Kontakt zu kommen. Schläfrigkeit oder Distanziertheit, Schmerzen im Körper oder das plötzliche Gefühl, dringend zur Toilette gehen zu müssen, sind Abwehrstrategien des Egos, mit denen es verhindern will, dass du mit bestimmten Emotionen in Kontakt kommst. Sei neugierig auf das, was dieser Widerstand verteidigt.

Lasse den Vorfall, der während der Zeit im Mutterleib geschehen ist, nach etwa fünf Minuten in den Vordergrund deines Bewusstseins treten. Fühle alles, was es im Hinblick darauf zu fühlen gibt. Erfülle die Situation mit Liebe. Verbinde dich mit den daran beteiligten Menschen und löse ihren Schmerz auf. Du erlebst einen Durchbruch nach dem anderen, während das Thema durch deine Chakras nach oben steigt. Wenn du so feinfühlig bist, dass du die Energie spüren kannst, dann erkennst du, in welchem Chakra sie sich gerade befindet. Sollte dies nicht der Fall sein, bleibe einfach mit der Emotion in Kontakt. Setze die Übung so lange fort, bis du ein Gefühl überschwänglicher Freude empfindest. Stelle dir vor, dass ihr eine Person mit zwei Körpern seid. In dem Maße, in dem du dich in Liebe mit deiner Tigerfrau verbindest, lösen sich vor allem die dunklen und schmerzhaften Emotionen auf, die ihr beide oder die einer von euch empfindet.

Möge eure Verbindung erfolgreich sein!

Tigerfrauen, die sich für den Sheriff halten

Eine Tigerfrau wird nicht nur wild, sondern kann regelrecht außer Rand und Band geraten, wenn sie glaubt, dass Unrecht geschieht. Das gilt vor allem dann, wenn es eine persönliche Angelegenheit betrifft oder um jemanden geht, der ihr nahesteht. Sie wird wütend, wenn sie das Gefühl hat, dass Schwache unterdrückt werden. Dabei kümmert es sie nicht sonderlich, wie groß oder wie mächtig der Unterdrücker ist. Sie will tun, was in ihrer Macht steht, um das erlittene Unrecht zu unterbinden und in Ordnung zu bringen. Sie legt sich auch mit Leuten an, die ihr körperlich weit überlegen sind, und setzt dabei ihre Zunge als Waffe ein. Das bringt sie oft in Schwierigkeiten oder Situationen, mit denen sie dann nicht mehr umgehen kann, sodass es zu ihrem eigenen Besten manchmal notwendig ist, sie ein wenig zu zügeln.

Eine Tigerfrau ist durchaus imstande, alle Brücken hinter sich abzubrechen, wenn sie glaubt, im Recht zu sein. Einer ihrer größten blinden Flecken ist ihr Sinn für Gerechtigkeit. Wenn sie ihre Antwort hat, dann ist es manchmal schwer, sie von ihrem Eigensinn abzubringen, obwohl sie möglicherweise noch gar nicht alle Teile des Puzzles kennt. Hier kommst du mit Vernunft und Ausgeglichenheit ins Spiel, um ihr zu helfen, eine besonnenere und effektivere Haltung einzunehmen, statt sich kopfüber ins Gefecht zu stürzen. Fast jede Tigerfrau hält sich für einen Sheriff, und ihr Gefühl für Recht und Unrecht treibt sie an. Sie ärgert sich über jede Ungerechtigkeit, und wenn sie sich wieder einmal für eine Sache einsetzt, der sie nicht gewachsen ist, weil sie jemanden provoziert hat, der keine Rücksicht kennt, muss sie manchmal vor sich selbst geschützt werden Dennoch hat sie den Mut, gegen Ungerechtigkeit zu kämpfen, auch wenn sie allein kämpft.

Als ihr Partner bist du aufgefordert, deiner Tigerfrau zu einer reiferen Sicht der Dinge zu verhelfen. Durch deine Fähigkeit, geschickt zu kommunizieren und ihr mitzuteilen, was du denkst, kannst du ihr helfen, an ihrer Reaktion zu arbeiten und über die Dualität von Richtig und Falsch oder Gut und Böse hinaus zu dem zu gelangen, was wahr und praktikabel ist. Wenn du deiner Tigerfrau gegenüber offen und ehrlich bist, dann hilfst du ihr auf natürliche Weise, neue Ebenen des Erfolges zu erreichen.

Bis sie gelernt hat, dir zu vertrauen, kann der Zorn einer Tigerfrau über eine Ungerechtigkeit sich schnell gegen dich richten, wenn du einschreitest. Wenn du ihren Angriff nicht persönlich nimmst und Liebe in sie einströmen lässt, während du mit ihr sprichst, lernst du jedoch rasch, ihr Vertrauen und ihre Freundschaft zu gewinnen. Greife unbedingt ein, wenn sie ein Himmelfahrtskommando startet, weil sie sonst womöglich das falsche Ziel in die Luft jagt. Autoritätsebenen oder Befehlswege sind einer Tigerfrau weniger wichtig, bis sie lernt, ihre Reaktion mit Vernunft zu paaren und ihre Energie angemessen zu kanalisieren. Deine Aufgabe besteht darin, ihr genau dabei zu helfen. Bringe ihr bei, dass öffentliche Plätze nicht der geeignete Ort sind, um laut zu schreien oder eine Szene zu machen. Es geht nicht darum, zu gewinnen oder im Recht zu sein. Es geht um Wahrheit, um Diplomatie und darum, andere Menschen dazu zu bewegen, einen besseren Weg einzuschlagen.

Für eine Tigerfrau hat Ungerechtigkeit einzig und allein damit zu tun, dass sie eine ihrer Meinung nach ungerechte Behandlung nicht überwunden hat. Das hat zur Folge, dass sie blind sein kann für die Ungerechtigkeit, die sie durch ihren Angriff verursacht. Das Prinzip des Mangels lautet, dass nur wir selbst uns einer Sache berauben können. Dasselbe gilt für die Ungerechtigkeit. Niemand außer uns kann uns ungerecht behandeln. Wo wir Ungerechtigkeit wahrnehmen, dort versuchen wir in Wirklichkeit, uns von unserer Schuld zu befreien, indem wir sie auf den Angreifer projizieren. Wir reißen seine Unschuld an uns, und dadurch, dass wir ihn ins Unrecht setzen, verbergen wir unsere eigene Ungerechtigkeit und stellen uns als unschuldig dar.

Das beste Prinzip, zur Heilung deiner Tigerfrau beizutragen, besteht darin, zuerst an deiner eigenen Heilung zu arbeiten. Weil kein Angriff gerechtfertigt ist, stellt jeder Angriff auf dich eine Ungerechtigkeit dar. Anderenfalls glaubst du, es sei richtig, dass du von Zeit zu Zeit angegriffen wirst, oder es sei gerechtfertigt, von Zeit zu Zeit andere Menschen anzugreifen. Es gibt eine Form von Schuld, die auf Gier beruht und dadurch entsteht, dass wir versuchen, zu bekommen und zu nehmen. Wenn wir das tun, können wir nicht empfangen oder genießen, weil es beim Nehmen und Bekommen – im Gegensatz zum Empfangen – allein darum geht, unsere Unabhängigkeit aufrechtzuerhalten. Wenn deine Tigerfrau angreift und dich ungerecht behandelt, dann ist das in Wirklichkeit also eine Projektion. Du bist das Opfer, um ihre Unschuld an dich zu reißen. Du benutzt sie, um dein „gutes" Selbstbild aufrechtzuerhalten, und machst sie zum „bösen" Buben. Auf unbewussten Ebenen versucht Ungerechtigkeit auch zu beweisen, dass Gott ein „schlechter" Gott ist, was uns das Recht gibt, seinen Platz einzunehmen, weil er seine Sache schlecht gemacht hat.

Ein Kurs in Wundern bietet ein Gegenmittel sowohl gegen Ungerechtigkeit als auch gegen die Projektion, die sie entstehen lässt. Es öffnet der Göttlichen Präsenz die Tür, und es erkennt an, dass auch dein Gegenüber ein Kind Gottes ist.

Bei jeder Form von Ungerechtigkeit, die du erkennst, brauchst du lediglich die folgenden Worte zu sprechen:

> „Hierdurch verleugne ich die GEGENWART des VATERS und des SOHNES. Und ich möchte SIE lieber erkennen als Ungerechtigkeit sehen, die von IHRER GEGENWART weggeleuchtet wird."

Durch deine Bereitschaft, die Projektion der Ungerechtigkeit zurückzuziehen, ebnest du deiner Tigerfrau den Weg und machst es ihr leichter, sich von ihrem Bedürfnis zu befreien, unbedingt die Rolle des Sheriffs zu übernehmen. Damit hast du sie wieder zu deiner Geliebten gemacht und den Himmel zu eurem Fest eingeladen.

Angriff und Anziehung

Im Laufe der Jahre bin ich in meinen Workshops immer wieder einmal von einer Teilnehmerin angegriffen worden. Meist war die Angreiferin eine Tigerfrau. Wenn ich während ihres Angriffs einen kurzen Moment innehielt, wurde mir klar, dass es schon vor unserer Begegnung eine natürliche Verbindung zwischen uns gegeben hatte. Es gibt ein Prinzip der Führerschaft, das besagt, dass jemand, der dich angreift, in Wirklichkeit um deine Hilfe bittet. Wenn du also auf die Person zugehst und dich mit ihr verbindest, statt sie deinerseits anzugreifen oder dich zurückzuziehen, dann gewinnst du einen starken Verbündeten.

Wenn eine Tigerfrau dich aus heiterem Himmel angreift, ohne zu glauben, dass du etwas falsch gemacht hast, fühlt sie sich zu dir hingezogen, weiß jedoch nicht, was sie damit anfangen soll. Es gibt ihr das Gefühl, verletzlich zu sein, und eine Tigerfrau hasst das Gefühl, verletzlich zu sein oder die Kontrolle verloren zu haben. Wenn sie sich verliebt, fällt sie nicht weich, sondern hart. Wenn ich also in einem Workshop von einer Tigerfrau angegriffen werde, dann genieße ich das Spiel, necke sie, nehme ihren Angriff leicht und tue alles, was in meiner Macht steht, damit sie die natürliche Anziehungskraft zwischen uns erkennt. Ich erkläre ihr, dass es angesichts der Situation offenbar nur darum geht, unsere Verbindung auszukosten. Damit gebe ich einer Tigerfrau die Möglichkeit, sich einzugestehen, dass ihr Angriff nur ihre Art ist, mir zu sagen, dass sie mich mag, und wir können unsere Verbindung und unsere freundschaftlichen Gefühle genießen. Verstehen und spielerischer Umgang miteinander sind wunderbar geeignet, wenn es darum geht, die Freundschaft einer Tigerfrau zu gewinnen.

Vergiss nicht, dass ein Streit für eine Tigerfrau so etwas wie ein Vorspiel ist. Wenn du dir dessen bewusst bist, dann schleicht sich schon ein Funkeln in deine Augen, wenn sie zickig wird. Tigerfrauen lieben es, wenn du eine bestimmende Haltung an den Tag legst. Denke nur an James Bond. Eine leidenschaftliche Frau, meist eine Agentin der Gegenseite, schleicht sich in sein dunkles Schlafzimmer, um ihn im Schlaf zu erstechen. Im allerletzten Moment greift er nach ihrer Hand mit dem Messer, wirft sie auf dem Bett herum, reißt ihr die Kleider vom Leib und macht sie sich zu Willen. Danach liegen sie zusammen im Bett, und sie sagt: „Oh, James, keiner macht es besser als du!"

Wünsche dir von ganzem Herzen, deiner Tigerfrau gegenüber bestimmend und kühn aufzutreten. Tue es um euer beider willen. Wenn du nicht an diesem Ort starken Selbstvertrauens ruhst, wünsche dir von ganzem Herzen, es zu tun. Alles, was du dir von ganzem Herzen wünschst, erschaffst du. Manifestiere es, indem du wahrnimmst und spürst, dass du dich an diesem Ort der Meisterschaft befindest. Tue es häufig, am besten direkt vor dem Einschlafen und unmittelbar nach dem Aufwachen, weil dein Bewusstsein für eine „Programmierung" dann besonders offen ist. Manifestiere Heilung, glückliche Zeiten voller Romantik und Durchbrüche in eurer Beziehung. Diese Prinzipien sind ein Teil deiner natürlichen Geisteskraft, mit deren Hilfe du in deiner Beziehung äußerst positive Ergebnisse erzielen kannst.

Ein negatives Ereignis zwischen dir und deiner Tigerfrau rührt von einem alten Muster her, das in der Gegenwart erneut zutage tritt, um geheilt zu werden. Sein Ursprung reicht meist in eine Zeit zurück, die weit vor der ersten Begegnung mit deiner Tigerfrau liegt. Du kannst fragen, von welchem vergangenen Ereignis es übertragen wird, und allen an der Situation beteiligten Menschen vergeben, bis sich ein Gefühl des Friedens einstellt. Wenn dieser Prozess abgeschlossen ist, kehre in die Gegenwart zurück und vergib deiner Tigerfrau sowie allen anderen Menschen, die Teil des gegenwärtigen Problems sind.

Wenn du einen starken inneren Widerstand dagegen verspürst, den an der vergangenen Situation beteiligten Menschen zu vergeben, dann liegt das Ereignis, das dieses Muster in Gang gesetzt hat, vermutlich noch weiter zurück. Wenn das Ereignis, das dir zuerst in den Sinn gekommen ist, zum Beispiel in deiner Kindheit stattgefunden hat, als du drei Jahre alt warst, du aber großen Widerstand spürst, wenn es darum geht, den daran beteiligten

Menschen zu vergeben, dann heißt das, dass das ursprüngliche Ereignis vermutlich im dritten Monat im Mutterleib stattgefunden hat. Ich habe im Laufe der Jahre festgestellt, dass die Wurzeln von Kindheitstraumata im Mutterleib liegen. Finde mit Hilfe deiner Intuition heraus, in welchem Monat es war. Frage dich, wer anwesend war und was geschehen ist. Vergib dann allen an der Situation beteiligten Menschen, bis sich ein Gefühl des inneren Friedens eingestellt hat. Du kannst die Situation in deiner Vorstellung so verändern, dass sie eine positive Wendung nimmt und von einem hohen Maß an Verbundenheit zwischen allen beteiligten Menschen geprägt ist. Kehre danach wieder zu dem Kindheitserlebnis zurück und vergib, bis sich Frieden einstellt und Transformation geschieht. Wenn du schließlich in die Gegenwart zurückgekehrt bist, wirst du feststellen, dass es dir wesentlich leichter fällt, anderen Menschen zu vergeben.

Dadurch, dass du vergibst, löst du endlich die heimliche Schuld auf, die diese Situation herbeigeführt hat, um dich zu bestrafen.

Du kannst *Anspruch erheben* auf wunderbare Zeiten mit deiner Tigerfrau oder auf Zwischenspiele, in denen du ihr gegenüber ein bestimmendes Verhalten an den Tag legst. Wenn du allerdings noch unabhängiger bist als sie, dann kann es zwar so aussehen, als würdest du die gleiche, nach außen hin selbstbewusste Wirkung auf sie erzielen, aber du bist nicht bestimmend, sondern dissoziiert. Das mag dir den Anschein von Bestimmtheit geben, führt aber dazu, dass du weder deine Tigerfrau noch die Partnerschaft mit ihr genießen kannst. Das ist wirklich schade angesichts dessen, dass Tigerfrauen sehr leidenschaftlich und lebensfroh sind, weil dir so ein großer Teil des Vergnügens entgeht. Eine von Ebenbürtigkeit und Nähe geprägte Partnerschaft, die im Gleichgewicht ist, bringt viel mehr Spaß und Sinn in eine Beziehung hinein.

Sex

Tigerfrauen lieben Sex. Sie gehören zu den ganz wenigen Frauentypen, die Sex ebenso sehr oder sogar noch mehr mögen als Männer. Tigerfrauen wohnt eine Leidenschaft inne, die sie auf natürliche Weise attraktiv macht. Wie für die meisten Männer ist Sex auch für Tigerfrauen ein Allheilmittel gegen nahezu jede Krankheit. Sex gibt ihnen Sicherheit und bringt sie ins Gleichgewicht. Er bestätigt sie, und sie können sexuell ebenso leidenschaftlich und begierig sein wie jeder Mann.

Wut kann für Tigerfrauen eine Form des Vorspiels sein. Der selbstbewusste Mann, der das weiß, hat keine Angst. Ein wissendes Lächeln schleicht sich in sein Gesicht, wenn seine Tigerfrau ihn angreift, und er stürzt sich kühn ins Gefecht. Es geht nicht um den Streit. Es geht um die Reibung. Je stärker eine Tigerfrau aus dem Gleichgewicht geraten und umso größer ihr Schmerz ist, umso mehr geht es für sie um Sieg und Beherrschung. Eine Tigerfrau, die im Gleichgewicht ist, baut dagegen positive Reibung und ein Gefühl süßer Spannung auf. Wenn du mit einer vollblütigen Tigerfrau zusammen bist, dann solltest du die Telefonnummer eines guten Schneiders in deiner Kurzwahl haben, weil sie dir deine Kleider oft nicht einfach nur auszieht. Wenn das Stadium der Verliebtheit im Laufe der Zeit in das Stadium des Machtkampfs übergeht, kann es wirklich heiß hergehen. Jedes Mal, wenn ihr zur Partnerschaft gelangt, werdet ihr jedoch mit einer kurzen Phase der Flitterwochen belohnt. Die Beziehung gelangt stärker ins Gleichgewicht und wird so zu einem Fundament des Friedens.

Tigerfrauen können mit Sex und mit ihrem Körper ganz natürlich umgehen, solange Glaubenssysteme, religiöse Einschränkungen, familiäre Dynamiken oder erlittene sexuelle Traumata dieses natürliche Ventil nicht durch Schuld, Scham oder Traumata verschlossen haben. Eine Tigerfrau gleicht von Natur aus einem feurigen Vulkan, wenn es um Sex geht, es sei denn, sie hat ein anderes kreatives Ventil gefunden, um ihre kraftvollen Emotionen in ein produktives Unterfangen umzuleiten.

Wenn deiner Tigerfrau irgendwelche Zwänge auferlegt wurden oder wenn sie sexuell verletzt wurde, dann hast du auf einer Seelenebene wahrscheinlich das Versprechen gegeben, sie von ihren Verletzungen, ihren Glaubenssystemen oder ihrer Schuld zu erlösen. Statt dich darüber zu beschweren, was dir wegen ihrer Verletzungen entgeht, solltest du erkennen, dass du eine Seelengabe mitgebracht hast, um sie zu befreien. Vielleicht besitzt du eine natürliche Begabung für Sex, und tief in dir verborgen finden sich Gaben der Wahrheit, der Freiheit und der Unschuld, wenn es um Sex geht. Worin könnten deine Gaben bestehen? Stelle dir vor, dass du zu dem Ort in deinem Geist gehst, an dem deine Gaben in Form von Potenzialen darauf warten, dass du sie öffnest. An diesem Ort gibt es viele tausend Türen, aber nur eine davon leuchtet hell. Öffne diese Tür und nimm die Gabe von ganzem Herzen an. Teile sie dann energetisch mit deiner Partnerin und erfülle sie im Geist und im Herzen. Empfange dann die Gabe, die der Himmel für dich bereithält, um deine Tigerfrau von diesem Problem zu befreien. Diese Gabe, worin sie auch bestehen mag, bringt Gnade und die Göttliche Präsenz mit sich. Empfange sie und gib auch sie energetisch an deine Tigerfrau weiter. So trägst du in hohem Maße dazu bei, sie zu befreien, vor allem dann, wenn du den Prozess häufig wiederholst. Das kann notwendig sein, weil du sie Schicht um Schicht von ihren Zwängen befreist. Die Heilung deiner Tigerfrau ist Teil deiner Lebensaufgabe und ein natürlicher Bestandteil jeder Beziehung. Wenn du sie befreist, kannst du auf natürliche Weise auch andere Menschen mit ähnlichen Blockaden befreien. Auf diese Weise entfaltet sich deine Lebensaufgabe, die nicht nur darin besteht, deine Tigerfrau zu befreien, sondern auch darin, dass du lernst, andere Menschen in deiner Umgebung zu befreien, die deine Hilfe brauchen.

Sexuelle Verletzungen

Wenn du mit einer Tigerfrau zusammen bist, die in der Vergangenheit sexuell verletzt wurde, dann hast du ein Seelenversprechen gegeben, sie wieder auf den richtigen Weg zurückzuführen. Sex ist für sie ein sehr wichtiger Kanal, um Stress und Spannung abzubauen. Wenn dieser Weg blockiert ist, kann ihre Energie sich wahllos Bahn brechen, zeigt sich jedoch meist in Form von Bitterkeit und Angriff. Wenn sie zu sehr verdrängt oder unterdrückt wird, kann der daraus resultierende Konflikt zu Krankheiten führen, weil die Wut nach innen gerichtet wird. Er kann auch dazu führen, dass sie sich der Prostitution zuwendet oder ein abgebrühtes kriminelles Verhalten zeigt. Das Maß, in dem alte Missbrauchssituationen nicht geheilt werden, entspricht dem Maß, in dem die Betroffenen anderen Menschen und/oder sich selbst gegenüber häufig ein missbräuchliches Verhalten an den Tag legen. Diese Menschen sind nicht böse, sondern brauchen Hilfe. Mein Buch *Dem Leben wieder vertrauen: Prinzipien der Heilung von Missbrauch und seelischen Verletzungen* kann dir hier eine große Hilfe sein, denn es legt den Schwerpunkt auf sexuellen Missbrauch, befasst sich auf dieser Grundlage mit den Dynamiken, die allen Traumata zugrunde liegen, und zeigt Möglichkeiten auf, sie effektiv zu heilen.

Verpflichte dich der Sexualität deiner Tigerfrau. Verpflichte dich eurer Liebe und eurer sexuellen Beziehung. Verpflichte dich der Natürlichkeit deiner eigenen Sexualität. Stelle dir vor, dass du alle Glaubenssysteme und Emotionen von Angst, Schmerz und Schuld, die deine Tigerfrau in sich trägt, in dir selbst loslässt, weil deine Tigerfrau ein Spiegel deines eigenen Unterbewusstseins und Unbewussten ist. Ihre Probleme weisen auf deine eigenen, mehr oder weniger tief versteckten Probleme hin. Wenn du deine eigenen negativen Glaubenssätze und Emotionen losgelassen hast, stelle dir vor, dass du in das Innere deiner Tigerfrau hineingreifst und auch sie von ihren Glaubenssätzen und Emotionen befreist. Dein Geist und ihr

Geist sind miteinander verbunden. Dein Geist gibt euch beiden die Erlaubnis und die Macht, sie zu befreien. Lasse deine Selbstliebe fließen und in diesen Ort in ihr einströmen. Empfange die Liebe und die Gegenwart des Himmels, damit du sie mit deiner Partnerin teilen kannst, um Scham, Schuld und Herzensbruch durch die Liebe des Himmels zu ersetzen, die Selbstliebe bringt. Wenn du weißt, wo sie dir einen Spiegel vorhält, und dieses Thema loslässt, dann klärst du es für euch beide. Beginne bei dir selbst, indem du den Ort loslässt, an dem du genau diese Glaubenssätze möglicherweise selbst verdrängt hast. Stelle dir anschließend vor, dass du ihr hilfst, diese Glaubenssätze und auch alles andere loszulassen, was sie in Bezug auf Sex zurückhält.

Verbinde dich mit deiner Tigerfrau von Geist zu Geist und von Herz zu Herz. Nimm die verwundeten Kinder in ihr wahr und liebe sie, bis sie aufwachsen und wieder mit ihr verschmelzen, um ein neues Maß an Ganzheit entstehen zu lassen. Verbinde die Drähte in ihrem Herzen, ihrem Geist und ihrem Körper wieder neu. Stelle dir anschließend vor, dass du deine Genitalien, dein Herz, deinen Geist und schließlich den Himmel durch Lichtlinien miteinander verbindest. Wiederhole die Übung dann mit deiner Tigerfrau. Teile jeden Tag energetisch die Gabe mit ihr, zu der du dich inspiriert fühlst. Empfange dann die Gabe des Himmels für diesen Tag, um ihre Sexualität zu heilen. Bitte um ein Wunder. Bete für sie. Manifestiere einen Neubeginn für eure sexuelle Beziehung und für eure Partnerschaft. Wenn du dich dabei ertappst, dass du dich beschwerst, dann denke daran, dass du dich immer dort beschwerst, wo du selbst aufgefordert bist, das einzubringen, was in eurer Beziehung fehlt. Bei einer Tigerfrau können es Frieden, Heilung oder Liebe sein. Wenn deine Tigerfrau verletzt wurde und ihre Sexualität verdrängt hat, dann erfährst du womöglich Mangel und Dürre in Bezug auf Sex. Das ist weder für dich noch für deine Tigerfrau gut, sodass es dir obliegt, es zu heilen. Erinnere dich an das Prinzip, dass nur du dich einer Sache berauben kannst. Das ist der Schlüssel zu Ermächtigung und Transformation.

Ich habe erst kürzlich mit einem jungen Arzt gearbeitet, dessen Partnerin, eine Tigerfrau, sexuell missbraucht worden war und infolgedessen ihre Sexualität verdrängt hatte. Dies hatte zuerst zu Auseinandersetzungen, dann zu einer tiefen Leblosigkeit und schließlich dazu geführt, dass er den starken Wunsch verspürte, sich von ihr scheiden zu lassen. Zum Glück landete er vorher in einem Workshop und wurde als Fokusperson ausgelost, deren Thema für die Dynamik stand, die die gesamte Gruppe zurückhielt. Weil er erkennen konnte, dass ich ihm wirklich helfen wollte, gestattete er mir schließlich, das Thema anzusprechen, dass seine Frau ein Spiegel seines eigenen Unterbewusstseins war. Schon bald setzte er sich mit seiner eigenen tief verborgenen Scham in Bezug auf Sex auseinander. Dann traten noch tiefer verborgene Schichten der Schuld zutage. Beide Male fragte ich ihn, ob er die emotionale Mauer zwischen sich und seiner Frau aufrechterhalten oder lieber durch die Scham und danach durch die Schuld hindurchtreten wolle, um seiner Frau zu helfen. Er stellte sich vor, wie er genau das tat, und verspürte danach ein Gefühl tiefer Erleichterung. Damit war die Sache allerdings noch nicht beendet. Ich fragte ihn, wie alt er gewesen sei, als die Wurzel für seinen Mangel gelegt wurde, und er antwortete intuitiv: „Zwei Jahre alt."

Ich fragte ihn: „Wer war bei dir?"

„Meine Eltern", antwortete er.

Ich fragte: „Und was haben sie getan?"

„Sie haben sich gestritten. Es ging um Sex."

Ich fragte: „Welche Entscheidung hast du getroffen?"

„Ich habe beschlossen, dass ich in meinem Leben keinen Sex haben wollte", antwortete er.

„Und nachdem du nun weißt, was du weißt, welche Entscheidung würdest du jetzt treffen?"

„Ich würde mich dafür entscheiden, meinen Eltern zu helfen, und mir ganz viel Sex im Leben wünschen", erklärte er.

Ich fragte: „Welche Seelengaben hast du mitgebracht, um zu ihrer Heilung beizutragen?"

„Ich habe ihnen Freude, Kommunikation und Sex mitgebracht."

Ich bat ihn, sich vorzustellen, dass er die Tür in seinem Geist öffnete, die zu diesen Gaben führte, und die Gaben mit seinen Eltern teilte. Dann fragte ich ihn, welche Gaben der Himmel zu dieser Zeit bereitgehalten hatte, und er erwiderte: „Gnade und Unschuld."

Ich bat ihn, diese Gaben zu empfangen und mit seinen Eltern zu teilen. Anschließend fragte ich ihn, welcher Aufgabe, die seine Eltern betraf, er im Alter von zwei Jahren aus dem Weg gegangen war, und er antwortete: „Sie zu lieben."

Zum Schluss fragte ich ihn, was damals seine Bestimmung gewesen war, die er zurückgewiesen hatte, obwohl er dazu aufgefordert war, sie mit seinen Eltern zu teilen. Er antwortete: „Mein Licht leuchten zu lassen und ihr Leben mit Licht zu berühren."

Ich bat ihn, in seiner Vorstellung in die Zeit zurückzukehren, in der er zwei Jahre alt gewesen war, die Gaben anzunehmen, sich zu seiner Lebensaufgabe und seiner Bestimmung zu bekennen und dann alle diese Dinge mit seinen Eltern zu teilen. Als er es tat, begann sein Gesicht vor Freude zu strahlen. Ich bat ihn, diese Dinge in seiner Vorstellung nun auch mit seiner Tigerfrau zu teilen. Er tat es und berichtete, er verspüre ein Gefühl großer Erleichterung und Befreiung. Er fühlte, dass sein Selbstvertrauen zurückgekehrt war, und er war bereit, sich seiner Frau wieder neu zu verpflichten und ihr zur Seite zu stehen, statt ein Urteil über sie zu fällen.

Ödipale Verwicklungen

Später an diesem Tag des Workshops kamen wir zu einem anderen, noch tieferen Thema, bei dem es um einen Mangel an Sex ging. Es war ein Aspekt der ödipalen Verschwörung, die in Gang gesetzt wird, wenn die Verbundenheit in der Familie verlorengeht. Konkurrenz entsteht, und in ihrem Kielwasser folgt Mangel. Liebe und Sex werden voneinander getrennt, und Sex wird zu einem Thema, das sich nicht länger sicher anfühlt. Wir verdrängen unsere Sexualität oder agieren sie in Form von sexuellen Experimenten oder Missbrauch aus. In beiden Fällen werden Muster in Gang gesetzt, die mit alten, unerledigten Geschichten zu tun haben. Dinge, die nicht abgeschlossen wurden, projizieren wir unterbewusst auf unseren Partner. Wir widersetzen uns dem Tabu sexueller Anziehung, das wir aus den nicht abgeschlossenen Geschichten mit unseren Eltern und Geschwistern auf ihn übertragen haben, und damit auch der sexuellen Anziehungskraft, die er auf uns ausübt. Es bedarf eines hohen Maßes an Bewusstheit, um zu erkennen, dass die ödipale Verschwörung unsere Beziehung beeinflusst, denn sie hat eine sehr starke unterbewusste Wirkung, die sich in allen intimen Beziehungen zeigt. Wenn unsere Bewusstheit groß genug ist, um zu erkennen, was dieses unterbewusste Muster in unserer Beziehung anrichtet, dann haben wir die Schlacht bereits halb gewonnen. Eine tiefgreifende Veränderung wird möglich, wenn wir mit unserem Partner über diese Erkenntnis sprechen.

Die folgende Übung aus der Bewusstseinsebene der Einheit kann in diesem Prozess äußerst hilfreich sein. Frage dich, wie viele Schritte du aufgrund ödipaler Verschwörungen aus deiner Mitte geraten bist. Frage dich außerdem, wie viele Schritte deine Eltern, die Eltern deines Partners und deine Kinder aufgrund dieser ödipalen Verschwörungen aus ihrer Mitte geraten sind. Deine Mitte ist der Ort, an dem Liebe und Sex wieder miteinander verbunden werden. Unschuld und Frieden kehren zurück.

Schuld, Scham und Herzensbruch fallen fort. Wenn deine ödipalen Verschwörungen besonders stark ausgeprägt sind, kann es passieren, dass deine schlechten Gefühle noch einige Schritte über die Mitte hinaus anhalten, wie es an diesem Workshop-Tag der Fall war, an dem wir uns diesem Thema stellten. Bis wir den Prozess abgeschlossen hatten, war jedoch eine tiefgreifende Veränderung eingetreten.

Nehmen wir an, dass deine Intuition dir sagt, du seiest neunzig Schritte aus deiner Mitte geraten, und dass die Rückkehr in deine Mitte die Auflösung dieser Ebene der ödipalen Verschwörung zur Folge hätte. Stelle dir vor, dass du deinen Partner, deine Kinder und deine Eltern zehn Schritte darauf zuführst, sodass du noch achtzig Schritte entfernt bist. Wie fühlt es sich an?

Stelle dir nun vor, dass du sie zwanzig Schritte auf deine Mitte zuführst. Wie fühlt es sich an? Wie stellt sich dir die Welt nun dar?

Stelle dir dann vor, dass du deine Familie dreißig Schritte auf deine Mitte zuführst, sodass du nun nur noch dreißig Schritte von ihr entfernt bist. Wie fühlt es sich an, und wie stellt sich dir dein Leben nun dar?

Stelle dir nun vor, dass du sie in den Bereichen von Sex und Verbundenheit auch die letzten dreißig Schritte in deine Mitte zurückführst. Wie fühlt es sich an? Wie stellt sich deine Familie nun für dich dar?

Von deiner Mitte aus kannst du nun noch weiter gehen. Führe deine Familie einen Schritt nach innen. Es entsteht eine neue Mitte, die sowohl höher als auch tiefer zugleich ist. Wie fühlt es sich an? Wie stellt sich dein Sexleben nun für dich dar?

Führe alle einen zweiten Schritt nach innen. Wie fühlt es sich an? Wie stellt sich deine Partnerin nun für dich dar?

Führe alle einen dritten Schritt nach innen. Wie fühlst du dich? Wie stellt sich Sex nun für dich dar?

Führe alle einen vierten Schritt nach innen. Wie fühlt es sich an? Wie stellt sich die Verbundenheit in der Familie nun für dich dar?

Führe alle einen fünften Schritt nach innen. Wie fühlst du dich? Wie stellt sich Erfolg in deinem Leben nun für dich dar?

Führe alle einen sechsten Schritt nach innen. Wie fühlt sich das an? Wie stellen sich deine eigene Gesundheit und die Gesundheit deiner ganzen Familie nun dar?

Führe alle einen siebten Schritt nach innen. Wie fühlt es sich an? Wie stellt sich Geld für deine Familie nun dar?

Gehe einen achten Schritt nach innen. Wie fühlt es sich an? Wie stellt sich dir deine Familie nun dar?

Gehe einen neunten Schritt nach innen. Wie fühlt es sich an? Wie fühlt sich Sex nun für dich an?

Gehe einen zehnten Schritt nach innen. Wie fühlt es sich an? Wie stellt sich dir deine Partnerin nun dar?

Du kannst so tief nach innen gehen, wie du möchtest, und auf diese Weise jeden Bereich deines Lebens auf eine neue Ebene heben. Zum Schluss kannst du dich intuitiv fragen, wie viel Zeit du durch diese Übung der Zentrierung gespart hast.

Eine Tigerfrau von sexuellen Blockaden befreien

Es kommt nicht selten vor, dass eine Tigerfrau sexuell missbraucht oder vergewaltigt wurde. Zum einen sind Tigerfrauen oft frühreif und strahlen schon als Kind eine sehr starke, anziehende Energie aus. Außerdem verstricken sie sich oft in Machtkämpfe und Racheakte, die zu einer Vergewaltigung führen können. Diese Racheakte können sich gegen die Eltern, den Partner, frühere Partner, die Gesellschaft oder Gott richten. Eine Vergewaltigung kann auch von karmischen Mustern oder Ahnenmustern herrühren. Eine Tigerfrau übt sowohl körperlich als auch energetisch eine starke Anziehungskraft aus, was sie für einen potenziellen Partner sehr attraktiv macht, sofern sie ihn nicht mit ihrer Streitsucht gegen sich aufbringt. Du hast dich aus vielen Gründen für deine Tigerfrau entschieden, nicht zuletzt auch deshalb, weil du Sex magst.

Ein sexuelles Trauma kann bewirken, dass eine Tigerfrau in eine emotionale Rippströmung gerät. Das macht sie extrem aggressiv, weil ein natürliches Ventil für ihre Emotionen – und Tigerfrauen sind sehr emotional – blockiert ist. Nun ist sie mit sich selber uneins. Sie will Sex, aber das erlittene sexuelle Trauma hat zur Folge, dass sie einen starken Widerstand dagegen aufbaut. Dies kann auch bei einem hohen Maß an familiärer oder religiöser Verdrängung der Fall sein, und es geschieht in aller Regel dann, wenn eine Tigerfrau kein Vertrauen in sich selbst oder ihre Sexualität hat. Sie benutzt ihre Herzensbrüche, Glaubenssysteme und Traumata, um nicht nur sich selbst, sondern auch ihren Partner zu kontrollieren. Tigerfrauen tragen oft Schattenfiguren in sich, die sie verurteilt und abgespalten haben, um sich selbst Einhalt zu gebieten und zu kontrollieren, wenn es um Sex geht. Dazu zählen unter anderem die Schattenfiguren der Schwarzen Witwe, der Schlampe, des Sextäters, des Missbrauchstäters und der Prostituierten. Alle diese Schattenfiguren gehen mit Schuld und Selbsthass einher, und sie stehen für ein gespaltenes Bewusstsein, das eine Tigerfrau in ihrem Konflikt festhält, damit sie nicht weitergehen kann.

Es kommt nicht selten vor, dass ein Mann mit einer Tigerfrau verheiratet ist, die wegen alter Traumata, einem Machtkampf oder Rache sexuell „zugemacht" hat. Wenn ihr Mann trotzdem noch an ihrer Seite ist, gibt er ihr damit meist eine ganz klare Botschaft, die lautet: „Du bist mir wichtiger als Sex, und ich bin bereit, deinetwegen auf meine Lieblingsbeschäftigung zu verzichten." Ob die Tigerfrau diese Botschaft versteht, hängt ganz davon ab, wie selbstbesessen sie ist. Wenn sie nicht darauf beharrt, dass die ganze Welt sich um sie drehen soll, dann wird sie die Botschaft verstehen und dankbar dafür sein. Dies ist der Ort, an dem ihre eigene Heilung wieder beginnen und ihre Beziehung wieder neu voranschreiten kann.

Deine Tigerfrau kann ein wirkliches Trauma erlitten haben und/oder Sex als Werkzeug benutzen, um zu kontrollieren und ihre Besonderheit unter Beweis zu stellen. Wenn sie Sex benutzt, um dich und die Beziehung zu kontrollieren, dann liegt der Schlüssel zur Befreiung darin, dass du deinen heimlichen – oder nicht so heimlichen – Wunsch nach Kontrolle in der Beziehung loslässt. Um zu erreichen, dass sie ihre „Bedürfnisse" und ihre Besonderheit aufgibt, gib deine Bedürfnisse und deine Besonderheit auf, die du möglicherweise einfach nur besser versteckt hast. Die Themen beider Partner sind in einer Beziehung immer gleich, obwohl ein Partner sie möglicherweise kompensiert und verborgen hat. Wenn du voller Vertrauen und Hingabe den nächsten Schritt gehst, dann tut deine Tigerfrau es auch. Wenn du einen Mangel an Sex als Ausrede benutzt, um dich trennen und unabhängig sein zu können, dann hast du nicht verstanden, worum es geht. Ein Prinzip des Unterbewusstseins lautet, wie bereits gesagt, dass nur du selbst dich einer Sache berauben kannst. Unterbewusst benutzt du jedes Problem, um die Macht deines Egos zu festigen, das dir neben anderen heimlichen Belohnungen auch Kontrolle und Unabhängigkeit verschafft. Das Trauma deiner Tigerfrau oder die Tatsache, dass sie ihre Sexualität verdrängt, weist fast immer auf verborgene Kammern sexueller Schuld in dir selbst hin, obwohl du nach außen vielleicht der normalste Mann überhaupt bist. Wenn nur deine Tigerfrau das Problem hat, du jedoch nicht, dann kannst du sie rasch und mühelos davon befreien. Wenn du es auf einer tieferen Bewusstseinsebene dagegen selbst in dir trägst, dann bedürft ihr beide weiterer Heilung.

Denke daran, dass du dich auf der Seelenebene dazu verpflichtet hast, sie zu befreien und ihr ihre Natürlichkeit zurückzugeben. Wenn du das Versprechen auf der Seelenebene gegeben hast, dann bedeutet das, dass du voller Vertrauen glaubst, dass es gelingen kann, so unmöglich es nach außen hin auch erscheinen mag.

Ich arbeite seit vielen Jahren als Eheberater, und bisher hat sich noch immer einer der Partner darüber beschwert, dass er zu wenig Sex bekommt. Ich habe gelernt, immer zuerst mit dem Partner zu arbeiten, der über den Mangel an Sex klagt. Trotz seiner Klagen zeigt die verborgene Dynamik, die bei ihm am Werk ist, immer, dass er nicht genug Sex bekommt, weil er in Wirklichkeit keinen Sex will. Meist geht dies auf eine Erfahrung zurück, die Gefühle von Schuld, Angst oder Scham in ihm hervorgerufen oder ihn in eine Opferrolle gezwungen und so dazu geführt hat, dass er Sex aus seinem Leben verbannt hat. Sobald dies berichtigt wird, gestaltet sich die Beziehung wieder interessant, obwohl es sein kann, dass mehr als eine Schicht der Ablehnung geheilt werden muss. Wenn ein Partner in Bezug auf Sex oder ein anderes Thema den nächsten Schritt geht, dann löst sich die Blockade endlich auf und Fortschritt ist möglich.

In einem besonders spannenden Fall habe ich mit einer Frau gearbeitet, die sich darüber beklagte, dass ihr Mann absolut kein Interesse an Sex mit ihr hatte, sich aber jeden Abend stundenlang Pornofilme im Internet ansah. Als wir daran arbeiteten, gelang ihr ein wichtiger Durchbruch, der sie erkennen ließ, dass sie in Wahrheit keinen Sex wollte, obwohl sie glaubte, sich danach zu sehnen. Dieser Widerspruch ging auf ein Vergewaltigungserlebnis in ihrer Kindheit zurück, das sie noch nicht vollständig überwunden hatte. Nachdem sie dieses Thema geheilt hatte, entdeckte auch ihr Mann sein sexuelles Interesse an ihr wieder. Die Sache ging einige Monate gut, bis alles, was mit Sex zu tun hatte, sie langweilte und sie ihren Mann zu seinen Pornoseiten zurückschickte. Zwei Jahre danach nahm sie wieder an einem Workshop teil und erkannte ihr unterbewusstes Einverständnis mit und ihre Verantwortung für den sexuellen Missbrauch, den sie erlitten hatte. Ihr gelang ein noch größerer Durchbruch, der nicht nur das Sexleben mit ihrem Mann mit neuem Leben erfüllte und es durch Liebe und Romantik bereicherte, sondern ihr auch ein höheres Maß an Geld und Zeit bescherte, von denen sie nie genug zu haben glaubte.

Es gibt einige Dinge, die du auf einer alltäglichen Ebene tun kannst, um zur sexuellen Heilung deiner Tigerfrau beizutragen und euer gemeinsames Sexleben zu verbessern, ohne dass du dazu unbedingt dein Unterbewusstsein erforschen musst. Verpflichte dich zuerst deinem eigenen Sexleben und dann dem Erfolg im Sexleben deiner Partnerin. Wiederhole den Prozess mindestens einmal pro Tag. Verpflichte dich Tag für Tag deiner Beziehung und der Ebenbürtigkeit in deiner Beziehung. Vergib deiner Partnerin und dir selbst für das Problem des Mangels. Vergib dem Sex. Segne dein Sexleben unaufhörlich, damit es aufblühen kann. Es zu verurteilen hat eine ebenso schädliche Wirkung wie Schuldzuweisungen, die an deine Partnerin gerichtet sind.

Wenn du dich darüber beklagst, dass in deiner Beziehung etwas fehlt, kann dieses Bedürfnis erst dann wirklich befriedigt werden, wenn **du** einbringst, was du zu brauchen glaubst. Natürlich weiß ich, dass du Mann genug und bereit bist, mit deiner Tigerfrau an jedem Ort und jederzeit Sex zu haben, aber du hast nicht verstanden, worum es geht. Es geht nicht um den sexuellen Akt, sondern um die Energie. Erst dann, wenn du die *Energie* der Liebe, Sexualität und Attraktivität einbringst, bringst du echte sexuelle Energie ein.

Bei einer sexuellen Blockade kann es auch hilfreich sein, zwei Wochen lang enthaltsam zu leben, während ihr gleichzeitig euch selbst und eure Energie dem jeweils anderen zuwendet. In der dritten Woche kann deine Tigerfrau dann um alles bitten, was sie sich in Bezug auf Sex wünscht, und du bist aufgefordert, es ihr im Geist der Liebe und des Dienens und in dem Wissen zu geben, dass du sie damit glücklich machst. In der vierten Woche bist du an der Reihe. Du kannst sie um alles bitten, was du dir wünschst. Ausgenommen ist allerdings alles, was sie ängstigen, demütigen oder ihr Schmerz zufügen könnte.

Du hast alle Gaben mitgebracht, die notwendig sind, um deine Tigerfrau zu befreien und ihr Unschuld und Natürlichkeit zurückzugeben. Hilf ihr.

Übernimm die volle Verantwortung für das, was geschieht, und übergib es an den Himmel, damit er die Falle für euch beide auflöst. Der Himmel ist auf deiner Seite, und er hält Liebe, Unschuld und Wunder bereit, wann immer sie gebraucht werden. Du bist derjenige, der es „bringen" kann! Dies ist eine Lebenslektion, die zu lernen du aufgefordert bist. Du kannst also ebenso gut ein bereitwilliger Schüler sein. Eine wunderbare Belohnung erwartet dich.

Viele Tigerfrauen besitzen eine Begabung für Sex, und häufig sind sie sehr frühreif. Ich habe herausgefunden, dass Tigerfrauen, die eine Begabung für Sex haben, auf der Seelenebene des Bewusstseins das Versprechen gegeben haben, die Welt in Bezug auf Sex wieder ins Lot zu bringen. Sie haben versprochen, die Übersteigerung und die Verdrängung zu heilen, die in Bezug auf Sex in der Welt herrschen. Sie haben versprochen, Sex wieder mit Unschuld und Natürlichkeit zu erfüllen. Es ist ein großes Versprechen, kommt jedoch erst an zweiter Stelle nach dem Versprechen, das alle Menschen in unserer Generation gegeben haben und das darin besteht, Verbundenheit und Partnerschaft in Beziehungen und Familie wiederherzustellen, damit die Welt zur wechselseitigen Abhängigkeit aufsteigen kann. Im Laufe der vierzig Jahre, die ich nun in einem Heilberuf arbeite, habe ich herausgefunden, dass gerade die, die missbraucht oder vergewaltigt wurden, in Wahrheit als sexuelle Heiler oder sogar Visionäre in der Welt wirken sollten. Sie bekamen Angst vor dieser Aufgabe, als ihnen bewusst wurde, wie pervertiert die Welt in Bezug auf alles ist, was mit Sex zu tun hat, und wie unmöglich es scheint, eine Veränderung herbeizuführen.

Sex ist gerade für eine Tigerfrau eine wichtige Gabe, die sie auch als Mittel der Regeneration nutzt. Wenn deine Tigerfrau sexuell blockiert ist, dann bist du sehr wahrscheinlich derjenige, der auf diesem Gebiet eine Begabung besitzt. Du kannst deine Partnerin erlösen, wenn du sie nicht verurteilst oder dich über den Mangel beschwerst, sondern ihr treu bleibst.

Ich hatte das Glück, mit einem Polizeikommissar und seiner Frau befreundet zu sein. Er hatte im Laufe der Jahre eine Reihe von schwierigen Abteilungen und Einsatzkommandos geleitet. Seine Frau berichtete, dass er täglich Sex brauchte, um sich zu sammeln und zu regenerieren, nachdem er Tag für Tag mit einem so hohen Maß an Schmerz konfrontiert wurde. Sie hatte erkannt, dass sein Stress von den Dingen herrührte, denen er sich auf der Arbeit jeden Tag stellen musste. Manchmal musste sie das Liebesspiel initiieren, weil er zu sehr in seiner Arbeit gefangen war. Sie erkannte deutlich, wie rasch sein Stress zunahm und wie sehr seine Effektivität litt, sobald er einmal einen Tag keinen Sex hatte. Obwohl mein Freund kein Tiger war, hatte er die Aufgabe eines Tigers übernommen. Stress – insbesondere emotionaler Stress – kann sich aufbauen, und wenn ein Tiger dann nicht zentriert ist, wird er schnell chaotisch.

Chaotische Tiger können extrem aggressiv sein. Sie können ein neurotisches Verhalten an den Tag legen und sogar Anzeichen von Wahnsinn zeigen, wenn sie nicht genug Sex bekommen, der sie erdet. Ohne den Sex, der sie anerkennt und ihnen ein Gefühl von Glück und Ganzheit vermittelt, geraten Tiger immer stärker aus dem Gleichgewicht. Sex in häufigen Dosen bringt sie zum Schnurren. Ohne Sex tun sie sich schwer und neigen dazu, auch den Menschen in ihrer Umgebung das Leben schwer zu machen.

Ich habe neulich mit einem Ehepaar gearbeitet, das neun Jahre lang keinen Sex gehabt hatte. In dieser Zeit hatte die Frau einige verrückte Dinge getan, weil sie sich ungeliebt, falsch verstanden und verschmäht fühlte. Ich erklärte ihrem Mann, der Sex keineswegs abgeneigt war, dass seine Frau eine Tigerfrau war und diese Art der Bestätigung brauchte und dass ein großer Teil seiner Probleme von ihrem Mangel an Sicherheit und innerem Frieden herrührte, der auf den Mangel an Sex zurückzuführen war. Die Kinder waren ebenfalls ein Faktor, weil sie jede Nacht ihre eigenen Betten verließen und bei den Eltern schliefen, was für diese ein sehr großer Hemmklotz war. Ich erklärte, dass die Kinder sich schuldig fühlen würden, wenn ihre Eltern nicht glücklich waren, und dass sie beide als Eltern ihre Beziehung ins Zentrum der Familie stellen mussten. Obwohl die Kinder achtzehn und zehn Jahre alt waren, zogen sie es vor, zu Hause zu bleiben, statt ihre Zeit mit Freunden zu verbringen. Deshalb empfahl ich ihnen, feste Zeiten zu vereinbaren, zu denen sie selbst ausgingen oder aber ihre Töchter fortschickten, weil es für die Stärkung ihrer Beziehung von entscheidender Bedeutung war. Dem Mann riet ich, für ein wenig

Romantik und die Möglichkeit innigen Zusammenseins zu sorgen, wenn er seine Frau nicht verlieren wolle, denn sie fing bereits an, von anderen Männern zu phantasieren. Er buchte umgehend ein Hotelzimmer für das nächste Wochenende, das den Neubeginn ihrer Beziehung einläuten sollte. Später hörte ich, dass es ein großer Erfolg war.

Die sexuelle Blockade einer Tigerfrau kann auch auf religiöse, familiäre oder gesellschaftliche Glaubenssysteme zurückgehen, die oft nicht nur ihre Sexualität, sondern ihre gesamte Energie unterdrücken. Einmal habe ich mit einer Tigerfrau gearbeitet, deren Tigernatur nur teilweise ausgeprägt war und die eine streng katholische Erziehung genossen hatte. Sie kam zu mir, weil man ihr die Diagnose ALS (Amyotrophe Lateralsklerose) gestellt hatte. Nachdem sie ihre sexuelle Schuld aufgelöst hatte, konnte sie wieder laufen und ihre Diagnose wurde zu einer MS (Multiple Sklerose) herabgestuft. Und obwohl die erste Diagnose von mehreren Spezialisten gestellt und bestätigt worden war, hieß es später, es habe sich um eine Fehldiagnose gehandelt.

Ich habe auch einmal mit einer schönen und sehr kranken Frau gearbeitet, deren Tigernatur ebenfalls nur teilweise ausgeprägt war. Als sie fünf oder sechs Jahre alt gewesen war, hatte ihr Vater sie gezwungen, nackt zu tanzen, um seine Freunde zu unterhalten. Nachdem sie ihre Scham geklärt hatte, fand bei ihr auf körperlicher, emotionaler und sexueller Ebene eine tiefgreifende Heilung statt, und ihre schwere Krankheit besserte sich dramatisch.

Abschließend möchte ich noch von einer ebenfalls sehr schönen Tigerfrau berichten, die von Afrika nach Europa gekommen war. Aufgrund ihrer kulturellen Herkunft war ihre Klitoris entfernt worden. Nachdem sie jedoch sich selbst, ihrer Familie und ihrer Kultur vergeben hatte, war sie in der Lage, vaginale Orgasmen zu erleben, die ersten Orgasmen in ihrem Leben. Danach führte sie nach eigener Aussage ein sehr glückliches Sexleben mit ihrem Partner. Sie erkannte, dass ihre frühe Erfahrung verbarg, wie sehr sie sich vor ihrer eigenen sexuellen Begabung gefürchtet hatte, und dass sie nach einer Möglichkeit gesucht hatte, sich selbst zu kontrollieren, indem sie dafür sorgte, dass dieses schreckliche Ereignis geschehen konnte.

Sobald einer Tigerfrau in Bezug auf ihre Sexualität ein Licht aufgeht, kann sie sexuelle Traumata umgehen, weil eine sexuelle Blockade nicht die Wahrheit ist und Tigerfrauen wahrheitsliebend sind.

Tigerfrauen entwickeln sexuelle Blockaden und schreiben auf unbewussten Ebenen das Drehbuch für sexuellen Missbrauch, um sich nicht zeigen zu müssen. Ihr Missbrauch dient ihnen als Ausrede, um ihre Lebensaufgabe nicht erfüllen zu müssen. Die Sexualität einer Tigerfrau ist so stark, dass sie sich vor ihrer Intensität manchmal ebenso sehr fürchtet wie vor ihren Emotionen. Für eine Tigerfrau ist es daher von entscheidender Bedeutung, ihre Sexualität anzunehmen und sich zu ihrer Weiblichkeit zu bekennen. Wenn es ihr gelingt, ihre Natürlichkeit und ihre Unschuld anzunehmen, kann sie Wegbereiterin in puncto Sex sein. Ihre Kundalini-Energie kann von ihren Sexual-Chakras zu ihrem Herz-Chakra aufsteigen, wo sie sich mit der Energie der Gnade verbinden kann, die vom Kronen-Chakra abwärts fließt. Im Herzzentrum ist diese Energie stark, leidenschaftlich und transzendent. Sobald dies geschieht, kommen auch der Erfolg, die Nähe und die Lebensaufgabe zum Vorschein, die einzubringen eine Tigerfrau versprochen hat, und reißen sie mit sich fort.

Die Schlüssel
zu positiver Veränderung

D er wichtigste Schlüssel, den du dir unbedingt merken solltest, lautet: *Gehe immer auf deine Tigerfrau zu.* Wenn du es nicht tust, sammelt sich im Laufe der Zeit emotionaler Schutt – Groll, Urteile und alte Verletzungen – an, bis ihr beide kein Interesse mehr daran habt, die Beziehung fortzusetzen. Das wäre wirklich jammerschade, weil es noch so viele Dinge gibt, die du gemeinsam mit deiner Tigerfrau heilen, erreichen, lernen und genießen kannst. Gehe auf sie zu, ganz gleich, was geschieht. Wenn du ihrem Angriff ausgesetzt bist, braucht es dazu manchmal auch großen Mut.

Mein Freund Neil war ein Abenteurer. Er durchquerte die Vereinigten Staaten zu Fuß und per Pferd, und Südamerika erkundete er auf einem Maulesel. Er war der Meinung, dass es sowohl bei Frauen als auch bei Mauleseln nur einen Ort gibt, an dem keine Gefahr droht. Wenn du nicht getreten werden willst, musst du direkt an ihrer Seite sein. Dasselbe gilt für Tigerfrauen, denn Distanz reizt zu Angriff.

Ein weiteres, ebenfalls sehr machtvolles Prinzip der Heilung ist *Verbindung.* Stelle dir vor, dass du eines Geistes mit deiner Tigerfrau wirst. Dort, wo ihr eines Geistes seid, seid ihr auch eines Herzens. Verbindung bringt euch an negativen Emotionen vorbei und schafft Nähe. Sogar mystische Erfahrungen sind möglich, weil Verbindung einen Zugang zu Erfahrungen der Verbundenheit und sogar der Einheit eröffnet. Der Geist ist nicht auf den Körper beschränkt, und das ist eine wichtige Lektion, die es zu lernen gilt, denn sie hilft dir, die Macht deines Geistes zu erkennen, während sie gleichzeitig deine Gesundheit stärkt. Wenn du dich nur als Körper betrachtest, verfällst du früher oder später in Depressionen. Wenn du deinen Geist über deinen Körper hinaus und in deine Tigerfrau hinein ausdehnst und dich von Geist zu Geist mit ihr verbindest, erschaffst du

Verbundenheit. Das bringt dich von der Kommunikation zum Beginn der Kommunion. Du kannst Liebe in deine Tigerfrau einströmen lassen und die Trennung heilen, die an der Wurzel jedes Problems liegt. Diese Trennung ist es, die dein Ego stärkt, und dein Ego ist die Mauer, die zwischen dir und dir selbst, dir und deiner Tigerfrau und dir und allen anderen Menschen steht.

Wenn du erkennst, dass alles, was deine Tigerfrau braucht, in Form einer *Gabe* in dir existiert, dann bist du ihr nicht nur ein wunderbarer Partner, sondern auch eine große Stütze. Für jede Situation, in der sie um etwas ringt, trägst du eine Gabe in dir. Jede Herausforderung, vor der sie steht, soll dich motivieren, dir der Seelengabe bewusst zu werden, die du für sie hast und die ihr helfen kann, diese Herausforderung zu meistern. *Das Geben von Gaben* ist ein sehr mächtiges Werkzeug der Heilung, das deine Beziehung schnell und mühelos voranbringen kann. Frage dich, welche Seelengabe du mitgebracht hast, um deine Tigerfrau zu retten. Öffne dein Herz, deinen Geist und deine Seele und nimm sie von ganzem Herzen an. Teile sie energetisch mit deiner Tigerfrau.

Ich habe herausgefunden, dass wir für alles, was unser Partner braucht, die entsprechende Gabe in uns tragen, die nur darauf wartet, dass wir sie erkennen und mit ihm teilen. Reiche jeden Abend energetisch zu deiner Tigerfrau hinaus und gib ihr die Gabe, die du für sie in dir trägst. Gib ihr außerdem jeden Morgen die Gabe, die dir intuitiv in den Sinn kommt, nachdem du dich gefragt hast, was sie am meisten braucht. Empfange jeden Abend und jeden Morgen die Gabe, die der Himmel für sie bereithält, und teile auch sie mit ihr. Das Liebesspiel ist eine besonders gute Zeit, um ihr deine Gaben und die Gaben des Himmels zu geben, weil sie dir dann ihre ungeteilte Aufmerksamkeit schenkt. Das Geben von Gaben kannst du jederzeit praktizieren, aber besonders offen dafür ist deine Tigerfrau, wenn ihr ins Liebesspiel vertieft seid. Dies ist ein besonders guter Zeitpunkt, um alle möglichen Formen heilender Energien in sie einströmen zu lassen. Du kannst Liebe, Unschuld, deine Männlichkeit, sexuelle Energie, Bewusstheit, Versöhnung, Frieden oder Macht mit ihr teilen. Du kannst sie mit Selbstvertrauen, Unschuld und Stärke erfüllen, weil Menschen nur dann angreifen, wenn sie sich schwach, schuldig und unzulänglich fühlen.

Je mehr du dich deiner Tigerfrau *verpflichtest*, umso eher gelangst du nicht in einzelnen Schritten, sondern in großen Sprüngen voran. Es ist so, als würdest du gleich eine ganze Bergkette und nicht nur einen einzelnen Berg überwinden. Das erspart dir viel Zeit, viel Energie und viele Konflikte, und es bringt dich durch einige echte Gefahrenzonen hindurch.

Verpflichtung zur Ebenbürtigkeit ist ein weiteres wunderbares Prinzip, um die Beziehung zu deiner Tigerfrau voranzubringen. Wenn das Kräfteverhältnis in deiner Beziehung bei 80 zu 20 liegt und deine Tigerfrau die unabhängigen achtzig Prozent für sich beansprucht, dann wertschätzt sie dich nicht oder du wertschätzt dich selbst nicht, und sehr wahrscheinlich wirst du in der Beziehung missbraucht. Wenn du dich hingegen zur Ebenbürtigkeit mit ihr verpflichtest, dann korrigiert eure Beziehung sich ein Stück weit selbst. Sie gelangt in ein Kräfteverhältnis von 70 zu 30 oder 60 zu 40. Verpflichte dich der Ebenbürtigkeit mit deiner Partnerin immer wieder neu, bis du bei einem Verhältnis von 50 zu 50 angekommen bist. An diesem Punkt gelangt ihr in einen Fluss. Verpflichte dich trotzdem weiterhin zur Ebenbürtigkeit mit deiner Tigerfrau, weil auf diese Weise ein höheres Maß an Erfolg und Nähe entsteht. Es bildet sich ein Kissen der Gnade, das den nächsten Konflikt abmildern oder sogar auflösen kann. Wenn du bei einem Gleichgewicht von 120 zu 120 angekommen bist, wird deine Beziehung für andere Menschen zu einer Inspiration. Bei etwa 550 zu 550 wird sie zu einem Kanal der Gnade und leistet einen sehr wichtigen Beitrag für die Menschen in deiner Umgebung und für die Welt. Diese hohe Stufe kann sie aber nur dann aufrechterhalten, wenn du dir eures Gleichgewichts bewusst bleibst und dich der Ebenbürtigkeit mit deiner Tigerfrau immer wieder neu verpflichtest.

Wenn eine Tigerfrau glaubt, weniger wert zu sein als ihr Partner, dann kann es passieren, dass sie angreift, um die Situation ins Gleichgewicht zu bringen, weil sie das Gefühl hat, schwach zu sein, und weil Tigerfrauen es hassen, sich schwach zu fühlen. Ebenbürtigkeit bewirkt, dass eine Tigerfrau sowohl umgänglicher als auch vernünftiger wird. Was als Angriff gedacht war, wird in Kraft, Kreativität und Selbstvertrauen umgewandelt.

Vergebung ist ein weiteres wichtiges Prinzip der Heilung. Es befreit euch beide und gibt euch die Möglichkeit, eure Beziehung im Hier und Jetzt zu halten. Jeder Akt der Vergebung beseitigt Illusion, sodass du nicht mehr unter Fehltritten leidest. Vergebung beseitigt Urteile und Projektion und rettet euch buchstäblich beide. Je mehr du deiner Tigerfrau durch Vergebung hilfst, umso mehr Loyalität und Verbundenheit erschaffst du. Wenn du sie rettest, indem du ihre Unschuld erkennst, rettet sie auch dich. Sie eilt dir mit großer Macht zu Hilfe, wenn du sie brauchst. Vergebung verwandelt Groll und Schmerz in Frieden und Liebe. Sobald du erkennst, dass du leidest, nicht glücklich bist oder deiner Partnerin gegenüber keine liebevollen Gefühle hegst, ist ein Akt der Vergebung deinerseits gefordert. Jede Situation, in der Vergebung gefordert ist, kann unterbewusste, unbewusste oder sogar kollektive Wurzeln haben. Vergib deshalb immer wieder, bis sich ein Gefühl des Friedens einstellt.

Die folgende, wunderbare Übung der Vergebung aus *Ein Kurs in Wundern* ist sehr einfach zu praktizieren.

> Gott ist die Liebe, in der ich dir .... (Name) vergebe. Gott ist die Liebe, in der ich mir selbst vergebe. Gott ist die Liebe, in der ich der Situation und allen daran beteiligten Menschen vergebe.

Sie befreit dich entweder von einer Schicht der Negativität oder löst sogar die ganze Situation auf. Wenn du kein Gefühl umfassenden Friedens empfindest und deine Sicht auf die Situation und auf deine Tigerfrau keine wirklich spürbare positive Veränderung erfahren hat, dann ist noch weitere Vergebung gefordert. Manchmal kann es passieren, dass du viele Male vergeben musst, um zu einem Gefühl tiefen Friedens zu gelangen.

Ein weiteres wesentliches Prinzip der Heilung, das du brauchst, um deine Tigerfrau zu retten, ist **Annehmen**. Annehmen leistet dem, was deine Tigerfrau tut oder getan hat, keinen Widerstand. Keinen Widerstand zu leisten heißt, dass du weder verletzt bist noch Schmerz erleidest. Annehmen erzeugt Fluss dort, wo du festgefahren warst und Widerstand geleistet hast, sodass du im Fluss bleiben kannst, statt in Schmerz oder Herzensbruch gefangen zu sein. Im Endeffekt ist es dein Ego, das Widerstand leistet und die Trennung nährt, die mit jeder Spaltung sowohl Schmerz als auch Abwehr bringt.

Deine Abwehrhaltung und dein Widerstand fordern zum Angriff auf. Was geschieht, mag dir nicht gefallen, aber wenn du nicht dagegen ankämpfst oder es verurteilst, dann gelangst du darüber hinaus. Das erlaubt dir, weitere Schritte zu gehen. Alles, was du annimmst, wird ins richtige Licht gerückt, statt dir provokant ins Gesicht zu lachen und stärker zu werden, weil du dagegen ankämpfst. Eine Haltung des Annehmens ermöglicht automatisches Loslassen, was zur Folge hat, dass sowohl die Anhaftung als auch der Schmerz und die Bedürfnisse, die damit verbunden sind, in Befreiung und Wehmut verwandelt werden. Alles, wogegen du dich wehrst, bleibt dagegen bestehen.

Die Wolke ist eine alte Methode, bei der du dir, wenn du angegriffen wirst, einfach vorstellst, dass du eine Wolke bist und dass der Angriff direkt durch dich hindurchgeht. Du haftest weder an, noch leistest du ihm Widerstand. Wenn der Angriff kommt, lässt du ihn durch dich hindurch und formst dich um ihn herum wieder neu, während er in dich eindringt und durch dich hindurchgeht, ohne auf Widerstand zu treffen.

Eine andere hilfreiche Methode ist die *Zentrierung*. Du bittest dein höheres Bewusstsein einfach darum, dich in deine Mitte zurückzuführen, die ein Ort des Friedens, der Liebe und der Unschuld ist. Nimm wahr, ob du einen Unterschied spüren kannst oder ob die Situation sich dir anders darstellt, so als ob sich etwas verschoben hätte. Bitte dann einfach darum, in eine zweite Mitte zurückgeführt zu werden, die höher und tiefer zugleich ist. Bitte immer wieder darum, in eine höhere und zugleich tiefere Mitte zurückgeführt zu werden, damit Liebe, Frieden und Unschuld wachsen können. Wenn du diesen Zustand von morgens früh bis abends spät aufrechterhalten kannst, dann entwickelst du Einfühlungsvermögen, statt blind zu reagieren.

Jedes Problem ist eine Folge von Trennung. Dem kannst du ganz mühelos entgegenwirken, indem du nach innen zu dem Licht gehst, das du in dir trägst, und es deiner Tigerfrau schenkst. Wenn du dein Licht mit deiner Tigerfrau teilst, dann wird der Funke in ihr stärker, während er zugleich deinen eigenen Funken verstärkt. Jedem Angriff, den deine Tigerfrau gegen dich führt, kannst du dann mit Verstehen und Mitgefühl begegnen.

Wenn du selbst verletzt wurdest, willst du andere Menschen verletzen. Wenn deine Tigerfrau dich angreift, frage dich, wie alt das verwundete Selbst in ihr ist, und wende dich ihm liebevoll zu, bis es heranwächst, wieder mit ihr verschmilzt und so ein höheres Maß an Ganzheit entstehen lässt. Du wirst dabei fast immer ein verwundetes Kind in deiner Tigerfrau entdecken. Tigerfrauen werden oft so sehr missverstanden, dass sie überrascht und bis ins Mark getroffen sind, wenn sie auf Verständnis treffen. Deine Mitte ist ein Ort des Friedens und der Unschuld. Frieden und Unschuld wachsen, je mehr du in diese Mitte zurückfindest, und sie bringen Liebe, Fülle und Freude hervor.

Die Heilung von Tigermüttern und ehemaligen Tigerfreundinnen

Wahrscheinlich hast du schon lange vor der ersten Begegnung mit deiner jetzigen Partnerin eine Vorliebe für Tigerfrauen entwickelt. Die erste Tigerfrau in deinem Leben war vermutlich deine Mutter, obwohl manche Menschen, deren Mutter eine Tigerfrau war, genau die entgegengesetzte Richtung einschlagen. Eine einfache Möglichkeit, deiner Tigerfrau zu helfen, besteht darin, alle Dinge zu heilen, die zwischen dir und den früheren Tigerfrauen in deinem Leben noch nicht abgeschlossen sind. Alles, was nicht geheilt ist, kehrt in deiner jetzigen Beziehung zurück, um geheilt zu werden. Du kannst dir jedoch viel Zeit und Ärger ersparen, wenn du die Vergangenheit loslässt und ihr vergibst. Was du als Schmerz aus der Vergangenheit mitgebracht hast, ist eine ungelernte Lektion, die du jetzt lernen kannst. Wenn du es nicht tust, kann sie in deiner jetzigen Beziehung sehr rasch eine schmerzhafte Situation hervorrufen, sodass es sicherlich besser ist, sie jetzt zu lernen. Du greifst die Gegenwart so lange mit der Vergangenheit an, bis du die Heilung der Vergangenheit abgeschlossen hast. Danach gibt es nur noch Gaben und Segnungen.

Dein Ziel ist es, die Tigerseite deines Bewusstseins zurückzugewinnen. Deine Aufgabe ist es, sie zu heilen. Deine Aufgabe ist es, eine Tigerfrau zu verstehen, ihr zu helfen und ihr eine Zufluchtsstätte zu bieten. Du brauchst diesen Anteil deines Bewusstseins, um Ganzheit zu gewinnen und damit du deine Bestimmung nicht nur in der Beziehung zu deiner Tigerfrau, sondern auch in anderen Bereichen des Lebens erfüllen kannst. Und deine Tigerfrau braucht deine Hilfe, damit sie ihre Bestimmung erfüllen kann.

Deine Eltern und deine Partnerin stehen für die wichtigsten Anteile deiner Seele, die nicht vollständig geheilt oder integriert wurden. Dazu zählen die Gaben ebenso wie der Groll. Wenn die Heilung vollendet wird, tritt Frieden ein, der sich als Wechselseitigkeit, Ebenbürtigkeit und Ko-Kreativität zeigt. Die Gaben werden geteilt, und Freude stellt sich ein. Fehlen diese Eigenschaften, ist weitere Heilung notwendig. Wenn sie nicht geschieht, bleiben Groll und Schuld als die Triebkräfte zerstörerischer Muster in deinem Leben bestehen.

Frage dich, zu wie viel Prozent deine früheren Beziehungen sich auf deine jetzige Beziehung auswirken.

Frage dich, auf welche Weise sie die jetzige Beziehung zu deiner Tigerfrau beeinflussen.

Würdest du dich verpflichten, allen Groll aus der Vergangenheit sowie alle Selbstgerechtigkeit aufzugeben, die damit einhergeht?

Bei all diesen Ereignissen hat sich unterbewusst und unbewusst weit mehr abgespielt, als du bewusst wahrgenommen hast. Zum einen war das, was deine Tigerfrau gesagt oder getan hat, immer mit einer Belohnung für dich verbunden. Diese Belohnungen sind vielgestaltiger Natur, und eine Belohnung bestand darin, dass es dir eine Ausrede geliefert hat. Wozu hat diese Ausrede dir gedient? Zum zweiten hat es dir ungeachtet der Tatsache, dass du zum Opfer gemacht wurdest, die Möglichkeit gegeben, unabhängig zu sein. Diese Unabhängigkeit war jedoch nicht das, was du dir vorgestellt hattest, denn sie ist nur eine Rolle, die restriktiv ist und außerdem auch noch die Rollen der Abhängigkeit und der Aufopferung im Schlepptau hat. Sie hat deine Fähigkeit, zu empfangen, blockiert und Erschöpfung und Leblosigkeit entstehen lassen.

Schließlich sind da noch Projektion, Urteile und Schuldzuweisungen, die in diesen schmerzvollen Situationen benutzt werden, um Schuld zu verbergen. Du hast in diesen Situationen andere Menschen angegriffen, Rache geübt und dich selbst angegriffen, weil du Schuld tilgen wolltest. Du hast diese Vorfälle benutzt, um dich zu trennen und die Macht deines Egos zu festigen, aber dein Ego besteht aus genau den Dingen, die gegen Liebe, Erfolg und Freiheit arbeiten. Dazu zählen Rückzug, Trennung, Konkurrenz, Angst, Schuld, Angriff, Selbstangriff, Dissoziation oder Unabhängigkeit. Sobald du das verstanden hast, erkennst du auch, dass du nicht dein Ego bist und dass das Ego dich von Frieden, Freude, Fülle und Freiheit abschneidet.

Es wird Zeit, die Opfergeschichten loszulassen, die du im Hinblick auf deine Tigerfrauen geschrieben hast, weil sie niemals der Wahrheit entsprochen haben. Diese Geschichten dienen einem bestimmten Zweck, den dein Ego verfolgt, aber weder deinem Selbstvertrauen noch deinem Leben. Du hast sie benutzt, um vor deiner Lebensaufgabe davonzulaufen und dich zu verstecken, was zu Blockaden in deiner Beziehung geführt hat. Deine Lebensaufgabe und deine Beziehung sind jedoch die beiden größten Chancen, die du hast, wenn es darum geht, Glück im Leben zu erfahren.

Auf einer unbewussten Ebene ist alles, was du siehst, ein Spiegelbild deines eigenen Bewusstseins. Stelle dir dein Leben als einen Film vor, der dir genau die Selbstkonzepte zeigt, die du verurteilt, abgelehnt, verdrängt und projiziert hast. Deshalb glaubst du, dass du damit nichts zu tun hast und über den Dingen stehst. Du tust das alles, um dich von Schuld zu befreien. Da du sie nicht ertragen kannst, nimmst du diese Schuld wahr als etwas, das außerhalb deiner selbst liegt. Das Ego hat dir diese Lösung vorgeschlagen, damit es deine Schuld aufrechterhalten kann. Es benutzt sie, um seine eigene Macht zu festigen, während es gleichzeitig so tut, als würde es dich von ihr befreien.

Wenn du erkennen würdest, dass diese Dinge wahr sind – und ich kann dir aus Erfahrung versichern, dass sie es sind –, dann wüsstest du, dass Erfolg nur durch Heilung möglich ist. Es ist an der Zeit für Vergebung und Integration. Wenn du selbstgerecht auf die Vergangenheit zurückschaust, dann lernst du nichts und bist auch nicht glücklich. Überall dort, wo du dich ärgerst, bist du selbstgerecht und kannst die Situation nicht klar sehen. Wenn du stattdessen deine Unschuld erkennst und verwirklichst, dann erkennst du im gleichen Maße, dass auch alle anderen Menschen unschuldig sind und dass alles ein großer Fehler war, der nun berichtigt werden kann. Das hilft dir, der zu sein, der du sein wollest, und das zu tun, was du dir vorgenommen hattest. Überall dort, wo dies nicht der Fall ist, hast du andere Menschen als Ausrede benutzt, um dich zu trennen. Wahrheit ist letztendlich gleichbedeutend damit, dass es weder Schmerz noch Zorn und auch keine Ausreden gibt. Wenn es in deiner Vergangenheit oder in deiner Gegenwart einen bösen Buben gibt, dann beweist das, dass du den betreffenden Menschen fälschlich beschuldigt und als Ausrede benutzt hast, um dich zu verstecken, statt vorzutreten, wie du es eigentlich hättest tun sollen.

Eine weitere wunderbare Methode der Heilung liegt in dem Verstehen, mit dem du deinen vergangenen und jetzigen Beziehungen zu Tigerfrauen begegnest. Frage dich, was du fühlen müsstest, um so zu handeln, wie es deine Tigermutter, deine ehemaligen Tigerfreundinnen oder deine jetzige Tigerfrau tun oder getan haben.

Hast du diese Gefühle jemals gefühlt?

Waren diese Gefühle jemals so stark, dass sie dich dazu gebracht haben, so zu handeln, wie deine Tigerfrauen es getan haben?

Kannst du in Mitgefühl zu ihnen hinausreichen?

Würdest du dich selbst dafür verurteilen?

Wenn nicht, dann seid ihr beide frei.

Frage dich, wie viele Schattenkonzepte und wie viele normale Selbstkonzepte du in dir trägst, die dem Verhalten deiner Tigerfrauen ähnlich sind. Stelle dir vor, dass sie alle sich in einer Reihe vor dir aufstellen. Bringe sie zum Schmelzen, bis nur noch ihr reines Licht und ihre reine Energie übrig sind, und nimm das Licht als Ganzheit in dich auf.

Verpflichte dich den früheren Tigerfrauen in deinem Leben, denn das bringt dich sowohl in deiner jetzigen Beziehung als auch in anderen Bereichen deines Lebens voran. Wenn sie dich enttäuscht haben, dann hast du sie enttäuscht. Ein Teil deiner Lebensaufgabe bestand in deinem Versprechen, sie vor sich selbst zu retten. Wenn sie dir keine Liebe entgegengebracht haben, dann hast du ihnen keine Liebe entgegengebracht. Du hast die Wahl, ihnen entweder zu helfen oder dich für deine heimlichen Selbstkonzepte zu foltern, die du auf sie projiziert hast. Vergib ihnen. Reiche energetisch zu ihnen hinaus. Teile deine Gaben mit ihnen, und du befreist euch beide. Schließe die Lektionen der Vergangenheit ab, damit du in der Beziehung zu deiner jetzigen Tigerfrau voll präsent sein kannst. Wenn du voll präsent bist, gibt es nur Frieden und Glück.

Die Wiederherstellung der Aura und das Astrale

Eine Wiederherstellung der Aura ist meist dann notwendig, wenn du einer Tigerfrau zum ersten Mal begegnest, aber auch dann, wenn sie auf die höheren Bewusstseinsstufen gelangt ist. Hier kann es passieren, dass sie angegriffen wird, was fast immer der Fall ist, wenn sie einen wichtigen Beitrag geleistet oder einen großen Durchbruch in ihrer Bewusstseinsentwicklung erzielt hat. Wenn du in eine Situation kommst, in der du diese heilende Übung brauchst, hast du sie zur Hand wie ein vertrautes Werkzeug. Sie gelingt dir aber nicht aus eigener Kraft, sondern geschieht durch die Kraft des Himmels, der dich jedoch niemals in eine Situation bringt, die du nicht zum Besseren verändern kannst. Mutter Teresa scherzte oft darüber. Sie sagte immer: „Gott bringt mich niemals in eine Situation, mit der ich nicht fertig werden kann", und fügte hinzu, „ich wünsche mir nur manchmal, sein Vertrauen in mich wäre nicht gar so groß."

Wenn wir uns mit dem Unbewussten befassen, dann befassen wir uns mit Symbolen, Bildern, Mythen und Metaphern. Dieser Bereich des Unbewussten ist hier keine Ausnahme, spiegelt aber eine bestimmte Wirklichkeit wider, die auf andere Weise, durch andere Metaphern und mit anderen Symbolen ausgedrückt werden kann. Die Welt hat eine Todesangst vor dem Unbewussten, nicht nur vor seiner Dunkelheit, sondern auch vor seinem Licht. In dieser Übung konzentrierst du die Energie und vereinfachst die Heilung, sodass ihr der dunkle Glanz fehlt, der mit der Arbeit auf der Astralebene verbunden ist. Um erfolgreich zu sein, führst du die Übung so durch, als sei sie keine große Sache, und vertraust dabei auf die Macht des Himmels.

Es gibt nur eine Seite an deiner Tigerfrau, die, wenn du mit ihr konfrontiert wirst, noch dunkler ist als Ereschkigal, und das ist das dunkle

Übernatürliche oder das Astrale. Es besteht aus uralten Fragmenten des Egos, aus Selbstkonzepten, die wir aller Rechte beraubt und im Unbewussten verborgen haben. Sie spiegeln den Machtkampf mit und die Rebellion gegen Gott wider, deren Ursprung auf den so genannten „Sündenfall", die Abtrennung vom Einssein zurückgeht. Sie haben mit dem Traum von der Trennung begonnen, in den wir alle hineingefallen sind. Diese uralten Fragmente des Egos, die sich vom Licht abgekehrt haben und an diesem Ort steckengeblieben sind, werden als Dämonen und dunkle Götter bezeichnet und sind im Astralen beziehungsweise in den tiefsten Schichten des Unbewussten zu finden.

Erinnere dich an den Satz, der in der Bibel am häufigsten gebraucht wird: „Fürchte dich nicht." Es gibt nichts, wovor du dich fürchten müsstest, wenn Gott mit dir ist, und Gott ist mit uns. Das zu erkennen ist alles, was wir tun müssen, um seine Gegenwart zu erfahren. Es gibt kein Problem, wenn du auf seine Stärke vertraust.

Das Astrale kann jeden Angriff auf einen anderen Menschen benutzen, um eine Dosis seines eigenen Gifts hinzuzutun. Dies kann dazu führen, dass es länger dauert, bis der Betreffende sich erholt hat, als es bei einem normalen Angriff der Fall wäre. Nur die Unschuldigsten oder die Menschen, die den Archetypus des Gerechten, des weißen Ritters, des Engels, des Gottes oder der Göttin verkörpern, besitzen eine natürliche Widerstandskraft und Immunität gegen solche Angriffe. Wenn du schließlich die Ebene geistiger Vision erreicht hast und erkennst, dass du kein Körper, sondern Geist bist, dann weißt du, dass du dich auf dein inneres Licht verlassen kannst und dass alle Wahrnehmung nur Illusion ist, Teil des großen Traums, und deshalb keine tatsächlichen Auswirkungen hat. Der Schlüssel liegt darin, dich auf die Hilfe des Himmels zu verlassen, die stärker als jede Dunkelheit ist. Geistige Hilfe steht immer für dich bereit.

Das Astrale benutzt nicht nur den Angriff eines anderen Menschen, sondern kann auch Besitz von einem Menschen ergreifen, der unbewusst ist, sich gehen lässt, körperlich oder emotional abhängig ist oder die Zügel aus der Hand gibt, um beispielsweise Macht, Erfolg, Ruhm oder Geld zu erlangen. Dies wird meist verdrängt und ist damit für das Bewusste verloren. Später kann der betreffende Mensch sich möglicherweise nicht mehr daran erinnern, dass das Astrale durch ihn oder dass er überhaupt einen anderen Menschen angegriffen hat. Ich habe dieses Phänomen am häufigsten bei Menschen wahrgenommen, die unter dem Einfluss von Alkohol stehen oder sich emotional gehen lassen, beispielsweise in Form von Ärger oder Wut. Dann kann das Astrale durch sie die Menschen in ihrer Umgebung angreifen. Auch Heiler, die sehr empfänglich für solche Energien sind, können während einer Heilsitzung angegriffen werden und müssen dann selbst befreit werden. Sie reagieren jedoch sehr rasch auf Menschen, die wissen, was in einem solchen Fall zu tun ist. Wenn deine Tigerfrau eine Heilerin ist, dann besitzt du in der Regel eine natürliche Gabe dafür, sie von diesen Einflüssen zu reinigen. Deine Seele hat diese Fähigkeit vermutlich in deinen Rucksack gepackt, bevor du dich auf den Weg in dieses Leben gemacht hast, weil sie genau wusste, dass du sie brauchen würdest, um deiner Tigerfrau zu helfen und sie davor zu bewahren, von der Dunkelheit niedergedrückt zu werden.

Wenn du einem astralen Angriff durch deine Tigerfrau oder durch einen anderen Menschen ausgesetzt bist, dann rufe einen der Freunde herbei, die du an höherer Stelle hast, wie etwa Jesus, den Erzengel Michael oder Kuan Yin. Die Risse in der Aura deiner Tigerfrau, durch die Dunkelheit hereinsickert, rühren von Angriff, Selbstangriff und körperlichem oder emotionalem Sich-gehen-Lassen her. Du kannst sie versiegeln. Bitte um die Hilfe des Himmels und stelle dir vor, dass du tief in die Seele des Angreifers oder der Angreiferin hineinschauen und die Risse und Sprünge erkennen kannst, durch die das Astrale ausströmt. Versiegele sie dann mit einer Mischung aus deinem Licht und deiner Liebe sowie dem Licht und der Liebe Christi. Versiegele sie, bis sie heil sind und leuchten, sodass es so gut wie ausgeschlossen ist, dass sie sich erneut öffnen. Alle negativen Dinge, die herausgesickert sind, kannst du beseitigen lassen, indem du den Himmel oder die geistige Persönlichkeit, der du dich besonders verbunden fühlst, um Hilfe bittest. Falls du dich dazu aufgerufen fühlst, kannst du zuerst aber auch durch die Risse und Sprünge hindurch diese astralen Reiche betreten und ihnen das Licht Gottes bringen. Manchmal sind diese Orte leer, manchmal werden sie jedoch auch von Seelen bevölkert, die von ihren eigenen Götzen und Süchten zu Sklaven gemacht wurden. Wenn du diesen gequälten Wesen das Licht und die Gegenwart Gottes bringst, dann befreie sie, indem du sie denen übergibst, die mit dir gekommen sind, und sie auf diese Weise ins Licht zurückführst. Erhelle mit ihrer Hilfe dann diesen dunklen Ort, bis du schließlich am Ende des Reiches angelangt bist. Dort stellen sich dir fast immer Dämonen oder dunkle Herrscher entgegen. Sie setzen ihre gesamte Dunkelheit ein, um dich abzuwehren, aber wenn du Licht zu ihnen hinströmen lässt, wird die Dunkelheit vertrieben. Einige der größeren Dämonen suchen manchmal bereits vorher das Weite und opfern ihre Gehilfen, aber auch dann, wenn das nicht der Fall ist, steht der Ausgang unabwendbar fest. Nachdem sie ihre Dunkelheit vollständig aufgezehrt haben, übergib sie deinen Freunden, damit sie ins Licht zurückgeführt werden. Diejenigen, die sich dir zuletzt stellen, sind besonders unverbesserlich, aber auch ihr letzter heimlicher Wunsch besteht darin, ins Licht zurückzukehren, und das ist der Grund dafür, dass alles genau so geschehen ist, wie es geschehen ist.

Die wichtigste Lektion für dich besteht darin, deiner Tigerfrau den Rücken freizuhalten, während sie ihren Beitrag in der Welt leistet, und sie anschließend zu befreien, um den Schaden und die Erschöpfung, die vielleicht auftreten, auf ein Mindestmaß zu beschränken.

Weil sie weniger bekannt ist, konzentriere ich mich an dieser Stelle mehr auf die innere Arbeit mit dem Astralen. Was die äußere Arbeit betrifft, so kannst du deiner Tigerfrau jede Form von hilfreichem Trost anbieten: eine Tasse Tee, eine Umarmung, eine Massage, einen romantischen Abend oder einen romantischen Kurzurlaub, Ermutigung und Anerkennung. Tigerfrauen sind fast immer sehr stark kinästhetisch veranlagt. Sie mögen es, wenn man sie berührt, liebkost, massiert, tätschelt, küsst und liebt. Bei allem, was du tust, kannst du dich darin üben, deine Energie aus dir heraus in deine Tigerfrau hineinströmen zu lassen, damit sie sich sowohl innerlich als auch äußerlich geliebt fühlt. Übe dich darin, deine Energie in Liebe zu ihr hinströmen zu lassen. Je stärker ihre kinästhetische Veranlagung ist, umso empfindsamer ist sie für diese emotionale Energie, die zu ihr hin und in sie hineinströmt. Alle diese Dinge unterstützen deine Tigerfrau sehr, denn obwohl sie so groß und stark scheint, braucht sie jede emotionale Zuwendung, die du ihr geben kannst. Dadurch kann deine Beziehung wirklich wachsen, bis ihr euch den großen Grabenbrüchen stellen müsst, die sich manchmal auftun, um geheilt zu werden.

Du kannst üben, Energie von deinen Chakras zu ihren Chakras, von deinem Herzen zu ihrem Herzen oder von deinem Geist zu ihrem Geist zu senden. Diese Übung gehört zu den Experimenten, die du mit deiner Tigerfrau machen kannst. Finde selbst heraus, was am effektivsten ist.

Eine Tigerfrau ist fast immer der „negative" Pol, und du als ihr Unterstützer bist der „positive" Pol, was auch der Grund dafür ist, dass du so starke positive Archetypen verkörperst. Auch wenn du selbst sie vielleicht noch nicht entdeckt hast, besitzt du vermutlich die Gabe, auf diese Weise durch Energie zu heilen. Du kannst ein kraftvolles, energieerfülltes Licht entstehen lassen und deine Tigerfrau von allen dunklen oder negativen Einflüssen befreien, die versuchen, sich an ihr festzubeißen oder in sie einzudringen. Weil sie von Natur aus der negative Pol ist, kann es schnell passieren, dass sie Dinge in sich aufsaugt. Habe besonders dann ein Auge auf sie, wenn sie sich in der Öffentlichkeit oder in heilender Funktion betätigt hat, aber erst recht, wenn sie dabei von jemandem angegriffen wurde. Wenn du Dunkelheit entdeckst, dann nimm sie einfach fort, löse sie im Licht auf und schicke mit Hilfe der Freunde, die du an höherer Stelle hast, alle „Kreaturen" ins Licht zurück. Übe mit diesem Licht und dieser Energie. Das ganze Universum ist davon erfüllt. Energie folgt der Absicht. Deine Gedanken lenken die Energie. Alle Macht entspringt dem Himmel. Verlasse dich daher nicht nur auf dich selbst, sondern hole immer auch die Gnade des Himmels ins Boot und lasse zu, dass die Persönlichkeit, der du geistig in besonderem Maße verbunden bist, dir hilft, deine Tigerfrau zu befreien und zu reinigen und alle unerwünschten Mitfahrer ins Licht zurückzuschicken.

Wenn es in der Vergangenheit toxische oder zornige Menschen in deinem Leben gegeben hat, dann unterziehe sie einer intuitiven Prüfung, um zu spüren, ob durch sie auch astrale Energie zu dir gelangt ist. Wenn ja, dann warst du dazu aufgerufen, sie von diesem Einfluss zu befreien. Wiederhole diese Übung einfach mit dem oder den betreffenden Menschen, und vertraue dabei jederzeit auf die Macht Gottes. Befreie diese toxischen Menschen und auch die, die im Astralen gefangen sind. Kehre dann zurück und versiegele die Risse in ihrem Energiefeld und in ihrer Seele. Bitte ihren Meisterlehrer darum, über diesen Ort zu wachen, damit er nicht noch einmal geöffnet wird.

Der Angriff einer Tigerfrau, der durch das Astrale verstärkt wird, kann eine zerstörerische Wirkung haben, wenn du nicht auf Gottes Stärke vertraust. Was aber kann dir schon etwas anhaben, wenn du zentriert und von Gnade umhüllt bist?

So seltsam das alles auch klingen mag, ist es dennoch ein Bereich, der mir im Laufe meiner vierzigjährigen Arbeit und verstärkt seit der Jahrtausendwende immer wieder begegnet ist. Das Astrale tritt nicht so selten in Erscheinung, wie man meinen könnte. Je länger ich auf diesem Gebiet der Heilung gearbeitet habe, umso tiefer konnte ich ins Bewusstsein der Menschen vordringen. Das Astrale ist die tiefste Schicht vor der ursprünglichen Ebene des so genannten „Sündenfalls". Es ist ein Reich, das von Angriff und Selbstangriff, Teufeln und dunklen Herrschern – oder, um ein moderneres Bild zu benutzen, von uralten Fragmenten des Egos – erfüllt ist.

Bei der Arbeit mit dem Unbewussten wird fast ausschließlich mit Symbolen und Bildern gearbeitet. Die oben beschriebenen Übungen haben sich als äußerst hilfreich erwiesen, um Menschen aus den unbewussten Fallen zu befreien, in die sie getappt waren. Diese und andere Methoden wurden benutzt, um Menschen von diesem dunklen Einfluss und dem damit verbundenen Selbsthass zu befreien. Natürlich geht Probieren über Studieren. Das Ergebnis ist letztlich allein das, was zählt.

Tigerfrauen, dunkle Götter und Dämonen

Die dunklen Götter gehen auf Großwildjagd, um einer Tigerfrau habhaft zu werden. Wenn es ihnen gelingt, dann können sie eine Tigerfrau daran hindern, ihre Lebensaufgabe und ihre Bestimmung zu erfüllen, und sie halten die Welt im Bann ihres dunklen und alles beherrschenden Einflusses gefangen. Sie haben nur ein Ziel. Sie wollen verhindern, dass die Welt sich weiterentwickelt, damit sie ihre eigene Herrschaft aufrechterhalten und ihren Ausschweifungen frönen können. Wenn sie eine Tigerfrau verwunden, können sie ein zerstörerisches Verhalten in ihr wecken, das andere Menschen zerfleischen und eine Kettenreaktion in Gang setzen kann. Eine Tigerfrau, die mit der Dunkelheit in Berührung gekommen ist, kann regelrecht Amok laufen und in ihrer Umgebung eine Seuche der Dunkelheit auslösen.

Dunkle Götter sind ein Spiegel der tiefsten, dunkelsten und bösesten Orte im persönlichen und kollektiven Unbewussten. Wie alles, was nicht reiner Geist ist, sind sie eine Illusion, und wie bei allem, was im Unbewussten liegt, ist es auch hier hilfreich, die Dinge, die aus diesem Reich stammen, in Form von Bildern zu betrachten. Die dunklen Götter sind eine Projektion unseres Bewusstseins, deren Ursprung in der Zeit kurz nach der ursprünglichen Trennung liegt, in der wir uns vom Licht abgewandt haben. Diese Abkehr vom Licht hat die Welt zu einer Welt des Todes herabgewürdigt.

Mit der Hilfe des Himmels kann eine reife Tigerfrau einen dunklen Gott zu fassen bekommen. Sie hat den Mut dazu, und mit der Gnade des Himmels kann sie ihrerseits auf Großwildjagd nach dunklen Göttern gehen und sie überall dort aufstöbern, wo sie sich in Menschen, Unternehmen, Regierungen, Schulsystemen, Polizei, Militär oder Kirchen eingenistet haben.

Dunkle Götter wollen alles tun, was in ihrer Macht steht, um eine Tiger-frau aufzuhalten, weil eine Tigerfrau, die Trägerin des Lichts ist, sie ins Chaos stürzen und viele Menschen auf vielen Ebenen befreien kann. Sie besitzt die Fähigkeit, mit der Macht Gottes zu arbeiten, um Dämonen und dunkle Götter zu befreien und ins Licht zu führen. Die Evolution, die notwendig war, damit dies geschehen kann, hat tatsächlich erst im letzten Jahrzehnt stattgefunden. Nun aber führt die Beschleunigung im Bewusstsein zu tiefgreifender Veränderung auf allen Ebenen. Es ist durchaus nicht ungewöhnlich, dass eine Tigerfrau ein Wachstumsstadium überspringt und in großen Sprüngen zu den höheren Stadien gelangt, so wie ein junger Mensch wegen seiner hohen Intelligenz früher zur Universität zugelassen wird. Vor allem die Tigerfrauen, die in der Stärke ihrer Beziehung verankert sind, können häufig mühelos zu den höheren Wachstumsstadien voranspringen. Eine Tigerfrau, die auf metaphysischen und geistigen Ebenen das Stadium der Vision erreicht, wird häufig zu einem Paladin, der den Kampf gegen das Böse aufnimmt. Wenn sie das Stadium der Meisterschaft erreicht, dann ist sie über den Glauben an Gut und Böse hinausgelangt und empfindet Mitgefühl für alle Wesen, die in der Dunkelheit gefangen sind.

Du selbst reagierst im Laufe der Zeit immer empfindsamer auf diese dunklen Energien. Licht, Gebete und natürlich die Hilfe des Himmels sind Werkzeuge, die du einsetzen kannst, um diesen dunklen äußeren Einfluss zu beseitigen. Dies ist nicht gleichbedeutend mit Arroganz. Es wäre vielmehr arrogant oder feige, deiner Tigerfrau nicht zu helfen, weil du dich vermutlich dein ganzes Leben lang darauf vorbereitet hast. Vertraue deinen Instinkten. Folge deiner inneren Führung. Es ist Gottes Wille, dass ihr beide frei sein sollt, und darum muss es immer einen Weg geben.

Diese Dinge haben mir im Laufe der Zeit am meisten dabei geholfen, meine natürliche Fähigkeit zur Heilung zu entwickeln. Es ist auch gut, einen Mentor zu finden, der dieser Arbeit keinen glamourösen Anstrich gibt, sondern dir effektiv dabei helfen kann, dunklen Angriff und dunkle Verletzungen zu beseitigen. Öffne dein Bewusstsein, bitte um die Führung, die du brauchst und manifestiere sie. Lerne, deine Tigerfrau um deiner Liebe willen zu beschützen und zu heilen. Du bist hier, um deiner Tigerfrau den Rücken freizuhalten. Sie braucht dich, und du brauchst sie. Sie wird dich mit ihrem Mut überraschen und großartige Dinge vollbringen, wenn du als ihr wahrer Partner handelst und ihr treu ergeben bist. Dies soll keineswegs deinen eigenen Beitrag negieren, den du eigenständig oder mit ihrer Unterstützung leistest. Du bist ihr ebenbürtiger Partner. Du besitzt das gleiche Maß an Macht, das sich jedoch auf ganz unterschiedliche Weise zeigen kann. Manche Gaben und Fähigkeiten besitzt ihr beide, während andere Gaben und Fähigkeiten ganz unterschiedlich ausgeprägt sind. In dem Maße, in dem ihr euch verbindet, könnt ihr immer mehr Gaben miteinander teilen und daraufhin neue und andere Gaben entwickeln, die ihr wiederum miteinander teilen könnt, während eure Nähe immer weiter wächst, sodass ihr beide in den Genuss dieser Gaben kommt.

Als Partner einer Tigerfrau verkörperst du vermutlich den Archetypus des weißen Ritters. Seine Stärke, die von seiner Reinheit und seiner Verbindung mit dem reinen Geist herrührt, macht den weißen Ritter gegen dunkle oder astrale Angriffe ein Stück weit immun. Es ist auch möglich, dass du die Archetypen des Heilers, des Schamanen oder des Paladins verkörperst. Das hat zur Folge, dass es dir viel leichter fällt, deine Tigerfrau auch dann zu retten, wenn sie dunklen und astralen Einflüssen ausgesetzt ist.

Eine Tigerfrau, die einem astralen Angriff ausgesetzt war, kann Amok laufen. Das gilt besonders dann, wenn sie unter dem Einfluss von Alkohol oder Drogen steht. Nach einem solchen Vorfall kann es passieren, dass sie Erinnerungslücken oder keine Ahnung von dem Ärger hat, den sie in ihrem Zustand verursacht hat. Eine Tigerfrau, die ein Suchtproblem hat, kann gefährlich sein. Eine Sucht deckt meist Einsamkeit, Versagensgefühle und die Angst vor ihrer Lebensaufgabe zu. Die Sucht, die dem Astralen einen natürlichen Zugangskanal zu deiner Tigerfrau verschafft hat, kann Schritt für Schritt durchbrochen werden, indem du dich ihr verpflichtest, deinen eigenen Erfolg durch energetische Verbindung mit ihr teilst, ihr treu ergeben bist und dich zur Ebenbürtigkeit verpflichtest. Eine gemäßigte Tigerfrau versetzt andere Menschen nicht in Angst und Schrecken. In dem Maße, in dem deine Beziehung erfolgreicher wird und deine Liebe sich vertieft, werden diese Ausbrüche immer seltener. Liebe ist das Mittel, das eine Tigerfrau mäßigt und das verhindert, dass sie zum wandelnden Pulverfass wird.

Wenn deine Tigerfrau eine Heilerin ist und in ihrem eigenen Leben oder im Leben anderer Menschen dunkle Energien austreibt, dann verfügst du über die natürliche Fähigkeit, sie energetisch zu reinigen.

Sowohl in ihrem als auch in deinem eigenen Leben findest du womöglich Belege dafür, dass ihr in der Kindheit dunklen Angriffen in Form von sexuellem, körperlichem, geistigem oder emotionalem Missbrauch ausgesetzt wart, die von euren Eltern oder Lehrern ausgingen.

Die erste Frage, der du nachgehen musst, lautet, ob *du* dir dunkle Einflüsse in Form von Dämonen, Teufeln oder dunklen Göttern eingehandelt hast. Diese dunklen Energien können die Folge eines geplatzten Traums sein, den du erlitten hast, können aber auch von den anderen Angriffsformen herrühren, die ich oben beschrieben habe. Dunkle Einflüsse kannst du dir auch durch sexuelle Kontakte, Drogen, Alkoholmissbrauch oder emotionales Schwelgen wie etwa Selbstmitleid, Zorn, Rache oder Hass eingehandelt haben.

Ich rate dir dringend, die Macht Gottes anzurufen, wenn du beabsichtigst, bei dir selbst, bei deiner Tigerfrau oder bei anderen Menschen auf der astralen Ebene heilend oder klärend tätig zu werden. Jede geistige Persönlichkeit, zu der du betest, hilft dir, wenn es darum geht, dunkle Energien zu vertreiben. Wichtig ist, dich nicht in astrale Kämpfe verwickeln zu lassen, weil sie dein ganzes Leben lang andauern können. Es ist schön und gut, dich um diese Energie zu kümmern, wenn du ihr begegnest, aber du darfst nicht darin steckenbleiben. Das ist nicht deine Aufgabe, solange du nicht die klare Weisung erhältst, dass dies die Arbeit ist, deretwegen du hier bist. Es gibt höhere Orte, und meist bist du zusammen mit deiner Tigerfrau dazu aufgerufen, das mystische Reich zu betreten, weil dies der beste Beitrag ist, den du für dich selbst, deine Partnerin und die Welt leisten kannst. Es geht darum, zu einer Brücke zwischen Himmel und Erde zu werden, die Gnade und Wunder bringt.

Geplatzte Träume und dunkle Götter haben eines gemeinsam, und das ist Wertlosigkeit. Natürlich willst du dich sowohl gegen den Schmerz als auch gegen die Wertlosigkeit abschotten, die von geplatzten Träumen herrührt. Es ist wichtig, astrale Einflüsse und alte geplatzte Träume zu heilen, während du gleichzeitig die Wertlosigkeit in dir selbst, in deiner

Tigerfrau und in anderen Menschen heilst. Ein Angriff deiner Tiger-frau kann von unerfüllter sexueller Energie, emotionalem Schmerz und Bedürfnissen herrühren, aber auch von dunkler Energie, die durch sie hindurch wirkt. Manchmal treffen alle diese Dinge aufeinander. Denke nach Möglichkeit daran, auf deine Tigerfrau zuzugehen und ihr energetisch dein Herz zu öffnen. Rufe die Hilfe des Himmels herbei, und lasse deine Liebe und die Liebe des Himmels in sie einströmen. Wenn der Angriff dunkle Energien enthält, sei in noch stärkerem Maße zentriert und erfülle die Situation mit dem Licht und der Liebe des Himmels, die durch dich hindurchströmen. Übergib die dunklen Wesen dem geistigen Helfer, der dich begleitet.

Viele Angriffe auf deine Tigerfrau und dich sind auch deshalb erfolgt, weil die Dämonen wussten, dass ihr dazu würdet beitragen können, sie zu befreien. Sie mussten es so aussehen lassen, als würden sie den Plänen der Hölle gemäß handeln und Seelen foltern, während sie in Wahrheit selbst Folterqualen litten. Insgeheim aber hegten sie den Wunsch, erlöst zu werden, sobald eure Kraft und Bewusstheit auf diese Ebene der Erkenntnis gelangt waren. Die Dämonen hoffen darauf, dass ihr euch ihrer bewusst werdet, wenn sie euch angreifen, und dass durch eure Heilung auch sie ins Licht zurückgelangen können, statt entdeckt und auf eine noch tiefere Ebene der Hölle verbannt zu werden. Wenn deine Tigerfrau, du oder ihr beide diesem dunklen Einfluss ausgesetzt seid, dann kannst du ihn für euch beide klären, indem du zuerst die volle Verantwortung übernimmst und erkennst, dass du die gesamte Geschichte deines Lebens und auch des Lebens all der Menschen geschrieben hast, die ein Teil deiner Geschichte sind. Wenn du die volle Verantwortung übernimmst, kannst du den Heiligen Geist sogleich darum bitten, jeden dunklen Einfluss aufzulösen, Licht in die Dunkelheit zu bringen und alle astralen Wesen zu bannen und zu erlösen. Darüber hinaus kannst du darum bitten, dass deine geplatzten Träume und deine Wertlosigkeit geheilt werden. Ein weiterer Weg, Wertlosigkeit zu heilen, besteht darin, den Himmel zu fragen, worin dein Wert besteht. Die Worte, die dir in den Sinn kommen, bergen Gnade und Wert in sich. Du bist für den Himmel von unschätzbarem Wert! Du bist das kostbare Kind Gottes.

Die gute Nachricht lautet, dass die Macht der dämonischen Kräfte auf der Erde im Laufe des letzten Jahrzehnts gebrochen wurde. Die Erde ist ein zentraler Planet, und der Kampf um sie war lange und mühsam. Der Sieg des Lichts hat zu einer Beschleunigung in der Entwicklung des Bewusstseins geführt, während wir auf die Geburtsstätte eines wesentlich höheren Maßes an Einheit, Brüderlichkeit und Gemeinwohl zusteuern.

Wenn deine Tigerfrau eine Heilerin oder Mystikerin ist oder einen anderen spirituellen Weg geht, dann stelle sie dir als eine Rakete vor, die imstande ist, in den inneren Raum zu reisen. Sie hat genügend Brennstoff, um es bis nach Hause zu schaffen und viele Menschen mitzunehmen. Du bist für die Navigations- und Steuermechanismen verantwortlich. Ohne dich hebt eine Tigerfrau womöglich niemals vom Boden ab, explodiert kurz nach dem Start oder schafft es aufgrund von Navigationsfehlern nicht, alle Dinge zu verwirklichen, die sie sich zum Ziel gesetzt hat. Du bist ihr Partner. Deine Aufgabe besteht darin, sie zu ermächtigen, und gemeinsam werdet ihr viele andere Menschen ermächtigen. Tue also alles, was in deiner Macht steht, um eure Beziehung zu stärken und euch beide von Angriff und Selbstangriff zu befreien. Es gibt so viele Dinge, die ihr gemeinsam erreichen könnt. Ihr könnt der Erde helfen, und ihr könnt Erleuchtung oder sogar Gottverwirklichung erlangen.

Fange jetzt an. Verpflichte dich dem Weg der Heilung. Die Menschen oder Bücher, die du brauchst, während du weiter in die höheren Bewusstseinsebenen hineingehst, werden zu dir geführt. Der Einfluss des Tao nimmt in dem Maße zu, in dem du deinen Geist nicht nur von der Trennung leerst, sondern auch von der Schuld, dem Schmerz und dem Groll, die sie herbeigeführt haben. Der Weg wird dir gezeigt.

Ein Weg, einen geplatzten Traum zu heilen, der dazu führen kann, dass du von dunklen Wesen heimgesucht wirst, besteht darin, die Verantwortung für das zu übernehmen, was geschehen ist. Ein geplatzter Traum ist der schmerzhafteste Aspekt eines gebrochenen Herzens, birgt zugleich aber auch die Leugnung, die dazu geführt hat, dass es dich wie aus heiterem Himmel getroffen hat, und die den Machtkampf zur Folge hatte, der Teil jedes Herzensbruchs ist. Auch wenn bei einem Herzensbruch noch viele andere Dinge im Unterbewusstsein am Werk sind, hat ein Aspekt damit zu tun, dass du möglicherweise von einem dunklen Gott oder einem Dämon heimgesucht wirst. Es ist jedoch gut zu wissen, dass dies meist wesentlich weniger dramatisch verläuft, als es in vielen Hollywood-Filmen über Besessenheit und Exorzismus üblicherweise dargestellt wird. Trotzdem kann eine dunkle Energie, die du in dir trägst, dich gehörig aus der Bahn werfen. Sie kann die besten Absichten zunichtemachen und dir vor allem durch Selbstangriff oder Gefühle der Wertlosigkeit unermesslich großen Kummer bereiten. Wenn es in deinem Leben geplatzte Träume oder einen Herzensbruch gibt, solltest du also unbedingt nachschauen, ob sich unerwünschte Passagiere bei dir eingeschlichen haben.

Hochempfindsame Tigerfrauen

Eine hochempfindsame Tigerfrau gleicht einem Lamborghini. Sie ist zu sehr hoher Leistung fähig, verliert aber rasch das Gefühl für den richtigen Zeitpunkt. Es gibt zwei unterschiedliche Wege, die eine hochempfindsame Tigerfrau gehen kann. Der erste Weg ist der Weg der Kreativität. Er ist eine Form von Liebe, die in Kunst, Musik oder Heilung zum Ausdruck kommt. Ihre Empfindsamkeit kann auch in mediale Gaben einfließen, denn eigentlich soll sie sich in der Fähigkeit äußern, die eigenen Gaben zu verwirklichen, die für sie selbst und für andere Menschen hilfreich sein können.

Die Beschleunigung im menschlichen Bewusstsein, die in der heutigen Zeit stattfindet, deckt jeden Tag herrliche und seltene Geistesgaben auf. Dem Geist der Menschheit wird seine Ganzheit zurückgegeben, und wie es scheint, kommen Gaben einer uralten Zukunft ans Licht. Für hochempfindsame Tigerfrauen ist dies ein natürlicher Prozess. Es gibt aber auch noch einen zweiten, weniger positiven Weg, den eine Tigerfrau einschlägt, wenn sie ihre Empfindsamkeit nutzen will, um Aufmerksamkeit oder Besonderheit zu erlangen oder um andere Menschen zu beherrschen oder zu kontrollieren. Ähnlich wie eine Krankheit kann sie auch ihre Hochempfindsamkeit benutzen, um zu bekommen oder zu nehmen in dem Versuch, die Erfüllung ihrer Bedürfnisse durchzusetzen. In diesem Fall stellt ihre Empfindsamkeit offene oder versteckte Forderungen.

Ein Weg der Empfindsamkeit, den eine Tigerfrau einschlagen kann, ist von Großzügigkeit und Freundlichkeit geprägt, der andere Weg dagegen von Gefühlen des Ungeliebtseins, Angst oder sogar Neurosen. Ein Weg steuert auf Glück und Erfüllung zu, während Hilflosigkeit und Einsamkeit am Ende des anderen Weges warten. Ein Weg steuert auf Reife und Geben zu. Am Ende des anderen Weges warten Unglück und Leiden. Alles hängt von einer grundlegenden Entscheidung ab, die eine hochempfindsame

Tigerfrau trifft: Wie setzt sie ihre Empfindsamkeit ein? Vielen hochempfindsamen Tigerfrauen ist gar nicht bewusst, dass sie diese fundamentale Entscheidung getroffen haben, die zu Kreativität und Heilung oder aber zu Schmerz und einer Unfähigkeit, Zufriedenheit zu empfinden, führt. Es ist eine Entscheidung, die sie allein treffen muss und bei der es für gewöhnlich nicht nur Weiß und Schwarz, sondern viele Grautöne gibt. Wenn deine Partnerin eine hochempfindsame Tigerfrau ist, die empfindlich reagiert und Forderungen stellt, dann trägst du als ihr Partner vermutlich ein gleich hohes Maß an Dissoziation in dir, das sich in Form von Stoizismus und Aufopferung zeigt. Unter Stoizismus und Aufopferung trägst jedoch auch du ein ansehnliches Maß an Empfindsamkeit in dir.

Wenn einer Tigerfrau nicht bewusst ist, welche Auswirkungen ihre Angriffe haben, oder sie sich unbekümmert darüber hinwegsetzt, dann bist womöglich du derjenige, der sich auf der bewussten Ebene damit auseinanderzusetzen hat. Es ist deine Aufgabe, die Gegensätze von Unhöflichkeit und Empfindsamkeit zu integrieren. Du bist dazu aufgerufen, dich zu verbinden, statt zu urteilen, da auch dies Gegensätze zu neuer Ganzheit integriert. Verbindung hilft deiner Tigerfrau mehr als alles andere. Sie erzeugt Ebenbürtigkeit und Freiheit, die nicht nur dich, sondern auch eure Beziehung heilt, und das hat zur Folge, dass ihr beide in eure Fähigkeit, eure Gaben zu verwirklichen, und in eure Einfühlsamkeit hineinwachst. Deine Empfindsamkeit soll zu der Fähigkeit reifen, auf eine in hohem Maße klare, einfühlsame Weise auf andere Menschen und das Leben einzugehen. Weil deine hochempfindsame Tigerfrau deine gegensätzliche, abgespaltene Seite ausagiert, bist du versucht, sie zu verurteilen und dich für etwas Besseres zu halten. Anstatt das, was abgespalten ist, zu neuer Ganzheit und innerem Frieden zu integrieren, trennt diese Entscheidung euch noch stärker. Vergiss nicht, dass euer Verhalten zwar gegensätzlich sein mag, dass es aber dennoch von einer ähnlichen Emotion angetrieben wird. Zu erkennen, worin diese Emotion besteht, reicht aus, um die Nähe zu deiner Tigerfrau wiederherzustellen, wenn du sie benutzt, um dich mit ihr zu verbinden. Wahrheit und Frieden gehen Hand in Hand. Wahrheit rührt von Verbindung her, und Verbindung integriert. Diese neue Integrität löst alles auf, was unwahr ist.

Wenn ihr beide sehr empfindsam seid, dann bist *du* dazu aufgerufen, diese Empfindsamkeit zu bündeln und außerhalb deiner selbst auf andere Menschen, Forschung oder Kreativität auszudehnen. Diese Empfindsamkeit kann alles, was du tust, mit einer gewissen Zartheit erfüllen. Sie schenkt dir die Fähigkeit, dich mit anderen Menschen zu verbinden, lässt dich künstlerisch tätig sein und Dinge entdecken oder kann sogar bis in die subtilen, mystischen Ebenen hineinreichen. Wenn deine Empfindsamkeit auf diese Weise gebündelt und ausgedehnt wird, dann *kannst du nicht verletzt werden*, weil sie Liebe, ein Hinausreichen ist. Wenn du siehst, dass deine Tigerfrau ihre Empfindsamkeit benutzt, um Beachtung und Besonderheit zu erlangen, dann weist das auf verborgene Kammern in dir selbst hin, die du vermutlich kompensierst, manchmal vielleicht aber auch ausagierst. Hilf deiner Tigerfrau, statt dich selbst und sie zu verurteilen. Benutze das, was du in ihr siehst, als Spiegel und integriere das, was sie tut, mit dem, was du tust, um zu neuer Ganzheit in eurer Beziehung zu gelangen.

Je mehr du deine hochempfindsame Tigerfrau akzeptierst, umso weniger bleibst du in der Beziehung in Schwierigkeiten stecken. Deine Vergebung befreit euch beide. Ganzheit zu erlangen und das Verhalten deiner Tigerfrau mit deinem Verhalten zu integrieren ist sehr wichtig, weil es euch beide befreit. Wenn du es dir zum Ziel setzt, dann benutzt du alles, was hochkommt, als Mittel, um dieses Ziel zu erreichen. Das hilft euch beiden, in die richtige Richtung zu gehen, und es gibt dir die Möglichkeit, Anhaftungen loszulassen, die dich zurückhalten. Setze Vertrauen in deine hochempfindsame Tigerfrau, damit sie sich weiterentwickeln kann. Verpflichte dich ihr, damit sie in großen Sprüngen vorankommt und euch beiden auf diese Weise viel Zeit erspart. Lasse das Licht des Himmels gemeinsam mit deinem eigenen Licht in sie hineinströmen, um ihre Bedürfnisse, Ängste und Forderungen zu heilen. Liebe sie von ganzem Herzen, damit ihr ein noch höheres Maß an geistiger Ganzheit erlangt. Wähle für euch beide, die ihr in Wirklichkeit ein Geist seid, die Liebe. Lasse zu, dass deine Bestimmung und die Bestimmung deiner Tigerfrau sich miteinander verflechten. Nur dein Urteil und das Verlangen nach Konkurrenz und Beherrschung können euch erstarren lassen und von dem Frieden und Fluss fernhalten, den ihr beide verdient.

Tigerfrauen und Depression

Wenn deine Tigerfrau depressiv ist, dann benimmt sie sich nicht wie eine echte Tigerin. In diesem Fall solltest du zuallererst der Frage nachgehen, ob auch du depressiv bist – ob du das Gefühl hast, festzustecken, dich auf ausgefahrenen Gleisen bewegst, zu viel oder zu wenig isst, dich wirklich müde fühlst oder zu viel oder zu wenig Schlaf bekommst. Wenn deine Tigerfrau depressiv ist, dann ist sie lustlos und es fehlt ihr an Leidenschaft. Sie hat womöglich ein so tiefes Trauma erlitten, dass es sie aus ihrem Körper gerissen hat. In einem solchen Fall ist Sex die letzte Sache, auf die sie Lust hat. Normalerweise ist Sex ihr Rettungsanker, aber wenn sie erschöpft, depressiv oder in der Toten Zone gefangen ist, geht sie Sex meist aus dem Weg. Dies kann für eure Beziehung und für euch beide eine gefährliche Zeit sein. Die heilenden Übungen, die ich an früherer Stelle erwähnt habe, können hier eine Veränderung bewirken. Sollte das nicht der Fall sein, rate ich dir, einen guten Therapeuten zu finden, der dir helfen kann. Verpflichte dich von ganzem Herzen dazu und bitte dann den Himmel oder das Universum darum, den perfekten Therapeuten, Heiler oder Coach zu dir zu schicken, um dir durch diese Schwierigkeiten hindurchzuhelfen. Alles kann geheilt werden. Achte darauf, über wen du im Laufe der nächsten zehn Tage etwas herausfindest und über wen Informationen zu dir gelangen.

Eine Depression kann aus unterbewussten und aus unbewussten Quellen genährt werden. Das macht ihre Heilung jedoch nicht schwieriger. Finde einfach jemanden, der Experte auf dem Gebiet der Heilung von Depression ist. Dich mit deiner Partnerin zu verbinden und dein inneres Licht mit ihr zu teilen ist gerade bei einer Depression besonders hilfreich.

Bei meiner Arbeit mit Paaren habe ich herausgefunden, dass jeder Partner bestimmte Gaben in sich trägt, die der jeweils andere Partner braucht. Bevor du dich auf den Weg in dieses Leben gemacht hast, hast du sie für diesen Anlass in den Rucksack deiner Seele gepackt. Mit der Situation, in der du dich gegenwärtig befindest, will deine Seele dich dazu bringen, die Tür in deinem Geist zu öffnen, hinter der dich genau die Gabe erwartet, die deine Tigerfrau jetzt braucht. Frage dich intuitiv, worin die Gabe besteht. Sie macht dein Leben und das Leben deiner Partnerin leichter, und sie sorgt auch dafür, dass es in eurer Beziehung weniger Probleme gibt. Die Zeit ist gekommen, sie zu entdecken. Finde intuitiv heraus, worin die Gabe besteht. Öffne die entsprechende Tür in deinem Geist und nimm wahr, wie sie in dich einströmt. Teile sie dann mit deiner Tigerfrau. Sie wächst in dem Maße, in dem du sie energetisch teilst.

Auch der Himmel leistet dir Beistand. Bitte um die Gabe, die er bereithält, um sie durch dich deiner Tigerfrau zu geben. Nimm wahr, wie du sie empfängst, und teile sie mit deiner Tigerfrau. Wenn du dich hilflos fühlst, bitte den Himmel um Hilfe. Wenn du dich machtlos fühlst, bitte darum, dass die Macht Gottes dich erfüllen möge. Uns allen wurde Trost versprochen in Zeiten der Not, und jetzt ist diese entscheidende Zeit möglicherweise gekommen. Führe diese Übung jeden Tag durch. Achte darauf, ob sich noch andere Gaben in dir zeigen, mit denen du deiner Tigerfrau helfen kannst, das Problem zu überwinden, das sie zurückhält. Gewöhne dir an, jeden Morgen und jeden Abend die neue Gabe oder den neuen Aspekt einer alten Gabe zu öffnen, die du für deine Tigerfrau in dir trägst. Wir alle tragen viele tausend Gaben in Form von Potenzialen in uns, die darauf warten, geöffnet und geteilt zu werden.

Eine weitere hilfreiche Methode, die zur Heilung deiner Tigerfrau beitragen kann, besteht darin, deine Liebe energetisch mit ihr zu teilen. Bitte den Himmel darum, sie durch seine Liebe zu verstärken, und stelle dir vor, dass sie die dunkle Wolke zum Schmelzen bringt, die diese Missstimmung hervorgerufen hat. Nimm dir immer dann, wenn du an sie denkst, ein wenig Zeit, um die Entkräftung, den Verlust und das gespaltene Bewusstsein zum Schmelzen zu bringen, die zu ihrer Depression geführt haben.

Die Depression deiner Tigerfrau spiegelt einen Verlust wider, über den du nicht hinweggekommen bist. Jetzt ist die Zeit gekommen, deinen Trauerprozess abzuschließen, denn in dem Maße, in dem du deinen Verlust heilst, wird auch deine Tigerfrau befreit. Wenn man das Unterbewusstsein fragt, dann verliert nur der etwas, der sich dafür entschieden hat, es zu verlieren, weil er glaubte, damit etwas gewinnen, eine Schuld zuweisen, Besonderheit oder ein gewisses Maß an Unabhängigkeit erlangen zu können. Ergründe diesen Bereich deines Lebens und lasse alle Schuld los, die das Ego benutzen will, damit deine Wahrnehmung trüb bleibt. Übernimm die Verantwortung für falsche Entscheidungen und bitte den Himmel darum, dich zu heilen. Sobald du von innerem Frieden erfüllt bist, teile ihn mit deiner Tigerfrau.

Verpflichte dich deiner Tigerfrau immer wieder neu, sobald du an sie denkst. Das kann sie Schicht um Schicht von ihrer Depression befreien.

Versäumte Heilungen
und deine Tigerfrau

Ich habe bereits über eine Reihe wichtiger Heilmethoden gesprochen und auch erwähnt, wie wichtig es ist, einen Weg der Heilung zu gehen. Dabei ist ein Prinzip der Heilung jedoch von ganz entscheidender Bedeutung. Wenn du deine Tigerfrau heilen willst, musst du selbst geheilt sein. Um heilen zu können, musst zuerst du geheilt werden. Ein Heiler zu sein bedeutet immer, dich zuerst deiner eigenen Heilung zu verpflichten. Wenn du erkennst, dass dies das entscheidende Element ist, dann erkennst du auch, dass die Rettung deiner Tigerfrau in deinen Händen liegt. Befreie dich von jeder Angst, die du im Hinblick auf deine eigene Heilung hast. Heiße diese Veränderung willkommen, die Frieden, Unschuld und Ganzheit bringt. Deine eigene Heilung rettet nicht nur deine Tigerfrau, sondern wirkt sich auf viele Menschen positiv aus. Die Heilung eines Menschen trägt zur Vereinigung der ganzen Welt bei.

Wenn du deine Tigerfrau nur einen Moment lang mit bedingungsloser Liebe anschauen kannst, mit einer Liebe, die keinen Angriff in sich birgt, dann wird in diesem Moment ein Wunder geboren. Dein Blick auf sie kann aber nicht frei von Angriff sein, solange du dich für etwas angreifst, dessentwegen du dich verurteilt hast. Du musst dich selbst befreien, damit du andere Menschen befreien kannst. Das ist das grundlegende Prinzip der Heilung.

Es gibt eine ganz einfache Übung der Vergebung, in der es darum geht, das Problem anzuerkennen, das du bei deiner Tigerfrau wahrnimmst, und die Schuld zurückzuziehen, die du nach außen projiziert hast. Schwieriger wird es, wenn du deine Schuld durch positives Verhalten kompensierst und es dich beleidigt, dass man auch nur auf die Idee kommen kann, dich mit Problemen in Verbindung zu bringen, die du bei deiner Tigerfrau siehst. Kompensation birgt Leugnung in sich. Du hast dich aufgeopfert, um deine Schuld zu verbergen, und eine positive Rolle gespielt, für die du jedoch nichts empfangen hast, wie es beim Geben von Natur aus der Fall gewesen wäre. Ziehe also das Problem zurück, das du projiziert hast, fühle die Schuld, und dann lasse sie los. Schuld ist unwahr. Sie ist ein Werkzeug des Egos, um dich in der Trennung festzuhalten. Wenn du Schuld loslässt, dann lässt du auch die Aufopferung los, und wenn du Aufopferung loslässt, dann lässt du auch die Schuld los. Willst du von deiner Tigerfrau getrennt sein, oder willst du, dass eure Beziehung von der Verbundenheit geprägt ist, die bewirkt, dass sie in Freiheit und Leichtigkeit fließen kann? Wenn du deine Tigerfrau erlösen willst, musst du zuerst dich selber erlösen.

Eine andere Methode der Vergebung besteht darin, dass du die Eigenschaft siehst, die du an deiner Tigerfrau verurteilt hast, und erklärst: „Ich werde mich dafür nicht verurteilen." Damit befreist du euch beide. Würdest du Vergebung zu einer täglichen Übung machen, dann würdest du deine Beziehung jeden Tag ein wenig mehr aufbauen.

Es ist äußerst wichtig, den alten Groll loszulassen, den du wegen früherer Angriffe deiner Tigerfrau noch in dir trägst, damit er in der Gegenwart nicht zu einer Mauer oder zu einem großen Handikap für deine Beziehung wird. Ich bitte immer wieder darum, dass ich mir aller Klagen und allen Grolls bewusst werden möge, die ich in der Beziehung zu meiner Frau vergraben habe und an denen ich noch festhalte. Dann übernehme ich die Verantwortung für alles, was als Problem hochkommt, weil ich es aus der Vergangenheit mitgebracht habe. Anschließend vergebe ich allen Menschen, die in der Vergangenheit und in der Gegenwart mit diesem Thema zu tun hatten, und beginne bei mir selbst. Versteckte Dynamiken im Unterbewusstsein lassen den Groll entstehen, der uns die Möglichkeit gibt, vor unserer Lebensaufgabe davonzulaufen, uns zu verstecken, eine Schuld zu tilgen, Rache zu üben, jemanden zu bezwingen, zu beweisen, dass wir im Recht waren, Kontrolle zu erlangen, unseren eigenen Weg zu gehen oder unabhängig zu sein. Sobald du die Verantwortung dafür übernommen hast, übergib allen Groll dem Himmel, damit er ihn für dich auflösen kann.

Ein geplatzter Traum kann dein Leben vollkommen aus der Bahn werfen. Wenn du ihn nicht heilst und loslässt, schränkt er dich für den Rest deines

Lebens ein. Jedes schmerzhafte Ereignis bedeutet in Wirklichkeit, dass du jemanden, der Hilfe brauchte, zu Unrecht beschuldigt hast. Wärst du vorgetreten und hättest die Gaben geöffnet, die du für genau diesen Anlass mitgebracht hattest, dann wäre die Situation nicht so geschehen, wie sie geschehen ist, weil du deine Gaben mit dem betreffenden Menschen geteilt hättest. Jedes schmerzhafte Ereignis verrät, dass du einen Fehler gemacht hast, anstatt einem anderen Menschen zu helfen. Jeder Schmerz, den du erleidest, zeigt *einen Fehler, den du gemacht hast,* eine unterbewusste Entscheidung für dein Ego anstelle deines höheren Bewusstseins. Ein geplatzter Traum zeugt von einem großen Fehler, von einer Seelenverletzung, deren Muster bereits in uns angelegt waren, weil sie auf bestimmte Ahnen- oder Seeleneinflüsse zurückgehen, die wir in dieses Leben mitgebracht haben. Darüber hinaus zeugt er von großer Angst vor unserer Lebensaufgabe und vor den Gaben, die notwendig sind, um sie zu erfüllen.

Es gibt viele Möglichkeiten, geplatzte Träume zu heilen. Führe die folgende Übung durch, um einen geplatzten Traum zu heilen, der mit deiner Tigerfrau zu tun hat. Falls es keinen geplatzten Traum gibt, der direkt mit deiner Tigerfrau zu tun hat, heile geplatzte Träume aus der Vergangenheit, die zu einem geplatzten Traum in der Gegenwart führen könnten. Akzeptiere zuerst, dass es geschehen ist, dass ein Traum geplatzt ist. Akzeptiere das Verhalten der Menschen, die daran beteiligt waren, dich selbst eingeschlossen. Es muss dir nicht gefallen, aber wenn du es rückhaltlos annehmen kannst, gibt es keinen Widerstand und somit auch keinen Schmerz mehr. Annehmen erlaubt dir, den nächsten Schritt im Leben zu gehen, statt stecken zu bleiben.

Vergib anschließend allen Menschen, die an der Situation beteiligt waren. Vergib zuerst dir selbst und zuletzt der Situation. Wiederhole den Prozess, bis du ein Gefühl inneren Friedens spüren kannst.

Lasse dann die Situation los. Das rückt sie ins richtige Licht und erlaubt dir, den nächsten Schritt zu gehen.

Integration verwandelt das, was negativ ist, in ein neues, positives Ganzes. Zwei negative Aspekte, ein negativer und ein positiver Aspekt oder zwei positive Aspekte können zu einem größeren Ganzen integriert werden. Integriere also die Situation, indem du dir einerseits das vorstellst, was tatsächlich geschehen ist, und andererseits das, was du wirklich wolltest. Nimm einen Aspekt in die linke und den anderen Aspekt in die rechte Hand. Führe deine Hände zusammen und bringe beide Aspekte zum Schmelzen, bis nur noch ihr reines Licht und ihre reine Energie übrig sind, die du in den Händen hältst. Vereinige die Energien und lasse sie in dein Herz einströmen.

Nimm dann den Anteil deines Bewusstseins, der nicht wollte, dass diese Situation geschieht, und den Anteil (das Unterbewusstsein), der wollte, dass sie geschieht, um dir die Möglichkeit zu geben, dich zu trennen und unabhängig zu sein. Bringe beide Anteile in deinen Händen zum Schmelzen, bis nur noch ihre reine Energie übrig ist. Vereinige sie, indem du die Hände zusammenführst, und lasse sie in dein Herz einströmen.

Verpflichte dich nun dem nächsten Schritt in deiner Beziehung. Verpflichte dich allen Menschen, die am Ort deines geplatzten Traums anwesend waren, dich selbst eingeschlossen. Verpflichte dich danach dem nächsten Stadium in deinem Leben. Lege zum Schluss alles in Gottes Hände und bitte darum, dass dein Geist von aller Dunkelheit befreit werden möge.

Ein geplatzter Traum zeugt davon, dass wir uns für Schwäche und für unser Ego entschieden und uns damit gleichzeitig von unserer Macht und dem Himmel abgeschnitten haben. Wenn dies geschieht, wenden Menschen sich manchmal dunklen Energien zu oder schließen sogar einen Pakt mit dem Teufel, dem alten Sinnbild für das Ego, um sich zu erhöhen und sich die Macht zu verschaffen, die sie zu brauchen glauben. Bitte in solchen Situationen darum, dass alle dunklen Energien ins Licht zurückgeführt werden und dass du vollkommen dem Einfluss des Himmels unterstellt wirst.

Die Gefühle der Wertlosigkeit, die von einem geplatzten Traum herrühren, und die falsche Überhöhung der dunklen Seite setzen einen Teufelskreis in Gang, der spiralförmig abwärts führt. Die nächste Übung gibt dir die Möglichkeit, einen Teufelskreis umzukehren, dich wieder für deine eigenen Gaben und die Gaben des Himmels zu öffnen und dich von neuem zu deiner Lebensaufgabe und deiner Bestimmung zu bekennen.

Stelle dir in jeder Situation, in der es um ein Problem oder einen geplatzten Traum geht, vor allem dann, wenn sie mit deiner Tigerfrau zu tun hat, die Frage, welchen Zweck das Problem oder der geplatzte Traum für dich erfüllt, weil alles, was geschieht, einem bestimmten Zweck dient. Dazu ist unser Unterbewusstsein da. Es gibt uns die Möglichkeit, Aspekte unserer selbst zu verbergen, denen wir uns nicht stellen wollen. Du kannst dir die folgenden Fragen stellen, und wenn du keine Angst davor hast, das zu konfrontieren, was du verborgen hast, dann wird es dir gezeigt.

Frage dich, wozu du das Ereignis benutzt hast.

Du wolltest auf eine bestimmte Weise von der Situation profitieren. Worin könnte diese heimliche Belohnung bestehen?

Was hat die Situation dir zu tun erlaubt?

Was brauchtest du nicht zu tun?

Vor welcher Angst hast du dich versteckt?

Welche Schuld wolltest du tilgen?

Welche Ausrede hat sie dir geliefert?

Im Hinblick worauf hat sie dich ins Recht gesetzt?

Im Hinblick worauf konntest du etwas Besonderes sein?

Inwiefern konntest du schwelgen oder im Hinblick worauf konntest du dich gehen lassen?

Gegen wen – von dir selbst, Gott und deiner Tigerfrau abgesehen – hast du gekämpft, indem du dafür gesorgt hast, dass diese Situation eintritt?

Welche Lebensgeschichten sind daran beteiligt?

Welchem Aspekt deiner Lebensaufgabe konntest du dadurch aus dem Weg gehen?

Sobald du die tieferen Gründe erkennst, kannst du viel leichter annehmen, vergeben und loslassen. Ein Problem zeugt von einer falschen Entscheidung. Es zeigt, dass du dich dort, wo du dich für Liebe und Vertrauen hättest entscheiden können, stattdessen für Angst und Kontrolle entschieden hast. Jetzt kannst du die problematische Situation so lange anschauen und dir die Frage stellen, ob du in Liebe oder in Angst investieren willst, bis du alle damit verbundenen negativen Emotionen durchlebt hast und nur noch Frieden empfindest.

Meine Tigerfrau,
meine Geliebte

Wenn du in den Zustand gelangen kannst, in dem aus deiner Tigerfrau deine Geliebte geworden ist, dann weißt du, dass es kein Zurück mehr gibt. Du folgst dem Weg der Liebe, gehst immer stärker nach innen und oben und wendest dich von jeder Versuchung nach Besonderheit ab. Du heilst deine Bedürfnisse, wenn sie auftreten, statt deine Partnerin zu ihrer Geisel zu machen. Deine Bedürfnisse machen deine Partnerin zu einem Objekt. Sie rühren von alten Entscheidungen her, mit denen wir Trennung und Besonderheit anstelle von Verbundenheit und der Fähigkeit, unsere Gaben zu verwirklichen, gewählt haben. Unsere Bedürfnisse halten uns gefangen und von unserem Partner getrennt, sodass wir uns schuldig fühlen, statt lebensspendende Nähe zu genießen.

Wenn deine Tigerfrau deine Geliebte wird, dann hast du deine Beziehung in den Wunsch nach Ganzheit verwandelt, die von noch tieferer Liebe herrührt. Du schirrst dich an deine Tigerfrau an, um aus der äußeren Erscheinung zweier getrennter Wesen heraus von neuem nach einem Herzen und nach einem Geist zu streben. Du wagst dich ins Reich der mystischen Liebe vor, und dadurch, dass du dich mit deiner Tigerfrau verbindest, ermöglichst du die Erfahrung des „wir" anstelle von „sie" und „ich". Das führt dazu, dass tiefe Heilung geschieht, in der die Mauern der Trennung weichen und dir die Möglichkeit geben, deine Tigerfrau als deine Geliebte wahrzunehmen.

Deine Beziehung ist das, was du aus ihr gemacht hast.

Worin besteht die heimliche Belohnung dafür, dass deine Beziehung so ist, wie sie ist?

Ist es das, was du wirklich willst?

Wäre es dir nicht lieber, wenn deine Tigerfrau deine Geliebte wäre?

Du kannst es so oder anders haben. Es ist deine Entscheidung. Was willst du wirklich? Wenn du willst, dass deine Tigerfrau deine Geliebte sein soll, bitte den Himmel darum, deine Wahrnehmung zu verändern und zu erneuern. Bitte um Hilfe, damit deine Tigerfrau zu deiner Geliebten werden kann. Ist es nicht das, was du wirklich willst?

Wenn deine Tigerfrau deine Geliebte ist, dann befreist du sie und gibst ihr damit die Möglichkeit, die zu werden, die sie immer sein wollte. Eure Beziehung wird zu einem Fundament fortgesetzter Heilung und Transzendenz. Mache deine Tigerfrau zu deiner Geliebten, und du verwirklichst alles, was eine Beziehung sein kann. Es liegt im ureigenen Interesse deines Glücks, diese Entscheidung für dein Leben und für deine Beziehung zu treffen. Deine Partnerin zur Geliebten zu haben ist eine der allergrößten Freuden im Leben. Bitte den Himmel um Hilfe, wenn es darum geht, deine Tigerfrau in deinem innersten Herzen willkommen zu heißen, damit sie deine Geliebte werden kann.

Nachwort

Dir wurde ein kostbares Gut anvertraut. Dir wurde eine Tigerfrau gegeben. Sie wurde in deine Obhut gegeben, und sie ist ein heiliger Schatz. Wenn du ihre wahre Liebe bist, dann kannst du sie retten. Es ist immer wunderbar, wenn ein so herrliches Geschöpf vor der Bedrohung durch räuberische Feinde geschützt wird. Dein Verstehen ist die Grundlage dafür, dass alle verstehen. Deine Bewunderung ist die Quelle der Wertschätzung aller. Wenn du sie liebst, gehört sie mit all ihrer leidenschaftlichen Herrlichkeit dir. Wenn du sie beschützt, wie ein wahrer Partner seine Frau beschützen oder eine Hebamme durch liebende Weisheit eine leichte Geburt ermöglichen würde, dann wirst du Zeuge eines erstaunlichen Ereignisses. Du bist dabei, wenn deine Tigerfrau die Welt zu einem besseren Ort gebiert. Sie richtet dich auf, während du sie aufrichtest. Ihr zu helfen ist ganz leicht, wenn du deinen Selbstangriff aufgibst.

Bist du dieser Mensch? Bist du ihr wahrer Partner? Ist die Liebe, die du in dir trägst, groß genug, um erfolgreich zu sein, wo zu wenige erfolgreich waren? Tigerfrauen sind noch immer eine gefährdete Spezies. Hast du den Mut, dich den Herausforderungen zu stellen, an deiner Heilung zu arbeiten und gemeinsam mit deiner Tigerfrau zu wachsen? Deine Tigerfrau ist sehr mächtig, aber das bist du auch, denn sonst wärest du nicht ihr Partner. Die Belohnungen sind wunderbar und vielfältig. Ihr beide begründet ein Vermächtnis, das überdauern wird, wenn ihr die Erde schon längst wieder verlassen habt. Sei derjenige, der die Tigerfrau rettet. Deine Tigerfrau!

Karten der Selbstheilung
Illustrationen von Petra Kühne
Chuck Spezzano

100 farbige Karten mit Begleitbuch, 240 Seiten, ISBN 978-3-86616-209-9

Die Karten der Selbstheilung sind eine große Hilfe, denn sie geben jedem die Möglichkeit, unterbewusste Muster zu erkennen und aufzulösen, die oft Ursache von Krankheiten und Problemen sind. Die Karten der Selbstheilung sind nach bewährter Manier in fünfzig positive und fünfzig negative Karten unterteilt, und wie schon bei den Karten des Lebens und den Karten der Partnerschaft hat die Künstlerin Petra Kühne wunderbare kleine Kunstwerke geschaffen, die die Aussagen der Karten mit Leben erfüllen. Ein Begleitbuch erläutert die Bedeutung der Karten, macht Vorschläge für mögliche Legungen und stellt zudem heilende Übungen vor, die helfen, die Ursachen von Krankheiten und Problemen zu erkennen und aufzulösen.

Heilung von Schuldgefühlen
Das Geschenk des inneren Friedens wieder erfahren
Chuck Spezzano

Hardcover, 256 Seiten, ISBN 978-3-86616-197-9

Schuldgefühle – wer kennt sie nicht? Schuldgefühle bewirken, dass wir uns herabsetzen und uns für das bestrafen, was wir getan zu haben glauben. Chuck Spezzano nähert sich diesem Thema mit der ihm eigenen Mischung aus Humor und Tiefgründigkeit. Er zeigt in seinem wachrüttelnden Buch nicht nur, wie es gelingen kann, die oftmals tief im Unterbewusstsein verborgenen Ursachen unserer Schuldgefühle aufzudecken, sondern stellt auch Wege vor, wie sie geheilt werden können. Seine Prinzipien werden anhand von Übungen und Fallbeispielen aus seiner langjährigen Praxis als Therapeut veranschaulicht. Die wichtigste Botschaft des Buches lautet, dass in seinem innersten und unveränderlichen Wesenskern jeder Mensch unschuldig ist.

Dem Leben wieder vertrauen
Prinzipien der Heilung von Missbrauch
und seelischen Verletzungen
Chuck Spezzano

Taschenbuch, 128 Seiten, ISBN 978-3-86616-190-0

Missbrauch und andere traumatisierende Erfahrungen können einen Menschen völlig aus der Bahn werfen – und das manchmal für den Rest seines Lebens. Chuck Spezzano hat sein neues Buch diesem sehr aktuellen Thema gewidmet. Er zeigt aus seinem langjährigen, reichen Erfahrungsschatz an Wissen äußerst einfühlsam Möglichkeiten und Wege auf, wie Betroffene die destruktiven Muster überwinden können, die sie in ihrem tiefen Leid gefangen halten und verhindern, dass ihre seelischen Verletzungen heilen können. Einfache, aber sehr effektive Übungen können erfolgreich dazu beitragen, den betroffenen Menschen neuen Lebensmut und neue Lebensfreude zu schenken und ihnen verloren gegangenes Vertrauen wieder zurückzugeben.

Wenn es verletzt, ist es keine Liebe
Die Essenz des Bestsellers
Hörbuch mit 3 CDs - gelesen von Werner Vogel
Chuck Spezzano

Hörbuch mit 3 CDs, ISBN 978-3-86616-066-8

Die Weisheit der Liebe, die der Verfasser des Bestsellers in jahr-
zehntelanger Forschungsarbeit als Psychotherapeut, als weltweit
bekannter Seminarleiter, als visionärer Lebenslehrer und als Begrün-
der der „Psychology of Vision" entdeckt und in klare Weisungen umgesetzt hat, verwandelt
den Menschen und berührt sein wahres Wesen, das Liebe ist. Die wichtigsten Aussagen des
Buches sind in dem Hörbuch zusammengestellt. Durch die nach jedem Abschnitt angebotenen
Übungen kann das theoretisch Erkannte auch in den praktischen Alltag umgesetzt werden,
dann wird das Hörbuch zu einem Wegbegleiter und Ratgeber in bedrängenden Beziehungsnö-
ten. Eine begleitende spirituelle Musik führt noch stärker in die Tiefe und verstärkt die Wirkung
der Übungen. So werden Sie Schritt für Schritt in die wichtigsten Grundprinzipien der Liebe
eingeführt, reifen in Ihrer Selbsterkenntnis und können Ihre Beziehungen in Partnerschaft und
Freundschaft neu ordnen, vertiefen und intensivieren.

Erfolg und Erfüllung liegen in deinen Händen
Nutze dein inneres Potenzial
Chuck Spezzano

2. Auflage

Hardcover, 320 Seiten, ISBN 978-3-86616-155-9

100 Erfolgsrezepte für ein besseres Leben in allen Bereichen. Chuck
Spezzano zeigt auch in diesem Buch wieder einmal mit großer
Tiefgründigkeit und unnachahmlicher Direktheit auf, wie es jedem
Menschen gelingen kann, falsche Entscheidungen zu erkennen,
zu verwerfen und an ihrer Stelle neue und erfolgversprechendere
Entscheidungen zu treffen, so dass Erfolg in allen Bereichen des
Lebens entsteht. Das vorliegende Buch soll dir Erfolg in jedem Be-
reich schenken, auf den du seine Prinzipien anwendest: Geld, Beruf, Gesundheit, Kreativität,
Beziehungen. In dem Maße, in dem dein Verständnis für die hier beschriebenen Prinzipien
wächst, wird auch Erfolg dir immer vertrauter werden und in jedem Bereich immer müheloser
zu erreichen sein. Möge das vorliegende Buch dich sowohl von den Fesseln des Nichtwissens als
auch von der Angst vor Erfolg befreien und dir das zurückbringen, was rechtmäßig dir gehört.

Heilung beginnt im Herzen
Die inneren Kräfte wecken,
um Körper und Seele zu heilen
Chuck Spezzano

3. Auflage

Hardcover, 240 Seiten, ISBN 978-3-86616-140-5

Das neue Buch des bekannten Lebenslehrers Dr. Chuck Spezzano
gibt dem Leser grundlegende Prinzipien und Methoden an die Hand,
um sich von allen Formen von Krankheit und Schmerz zu befreien.
Es ergründet nicht nur die Wurzeln dessen, was Krankheiten und
Schmerzen erzeugt, sondern zeigt darüber hinaus praktische Wege,
wie man die dem eigenen Herzen und Geist innewohnende Kraft
nutzen kann, um Krankheiten zu heilen und Schmerz aufzulösen.

50 Wege, die wahre Liebe zu finden
Chuck Spezzano

Hardcover, 208 Seiten – ISBN 978-3-936486-10-0

5. Auflage

Dieses Buch richtet sich an diejenigen, die auf der Suche nach ihrem wahren Partner sind. Aber auch an all jene, die ihren Partner bereits gefunden haben und Unterstützung auf dem eigenen Beziehungsweg suchen. Der Autor macht deutlich, dass es nicht damit getan ist, den richtigen Partner zu finden, es bedarf auch des Wunsches, mit diesem Partner zusammen glücklich zu werden. „Wenn du deinen Partner gefunden hast, geht die Reise erst richtig los!", so Chuck Spezzano. Aufgrund der universalen Gültigkeit der vorgestellten Beziehungs-Prinzipien lassen sich diese auch auf andere Lebensbereiche übertragen. Ob der Leser einen neuen Arbeitsplatz oder Unterstützung beim nächsten Schritt in seinem Leben sucht oder ob er sich allgemein mehr Erfolg, Glück und Gesundheit wünscht – immer wieder kann er dieses Buch zur Hand nehmen.

Karten der Erkenntnis
auf dem Weg nach innen
Das Buch der Erkenntnis / Chuck Spezzano

12. Auflage

48 künstlerisch gestaltete Karten, Buch: 144 Seiten, ISBN 978-3-928632-32-4

Wollen Sie mehr Selbsterkenntnis gewinnen, persönliche Ziele und verborgene Wünsche erkennen, die Beziehungen im Privat- und Berufsleben verbessern, Ursachen für Probleme herausfinden und auflösen, Hindernisse auf dem Weg nach innen beseitigen? Dann sind die Karten der Erkenntnis und deren Erklärung eine große Hilfe. Sie sind einfach zu benutzen, hilfreich und inspirierend. Ganz gleich, ob Sie „sofortige Antworten" auf alltägliche Fragen oder langfristige Lösungen für die großen Herausforderungen des Lebens suchen, es wird Ihnen und Ihren Freunden helfen, positive Entscheidungen zu fällen und Veränderungen für eine bessere Zukunft herbeizuführen. Im beiliegenden Buch der Erkenntnis findet der Leser den Schlüssel zum Verständnis und zur Verwendung der Erkenntnis-Karten. Chuck Spezzano erläutert im Einzelnen die Bedeutung aller 48 Karten und erklärt eine Vielzahl von Möglichkeiten, mit ihnen zu arbeiten und sie zu deuten. Außerdem werden über zehn verschiedene Legesysteme beschrieben.

Wenn alle Menschen Freunde wären ...
Dein Beitrag für eine bessere Welt / Chuck Spezzano

Hardcover, 192 Seiten, ISBN 978-3-86616-168-9

Die Welt von heute krankt daran, dass viele Menschen nur auf ihr eigenes Wohl bedacht sind und für ihre Mitmenschen kaum einen Blick übrig haben. Spezzano macht deutlich, dass wir die Welt verändern können, wenn wir alle Menschen als Freunde betrachten. Er zeigt Wege und Möglichkeiten auf, wie wir unseren Freunden helfen und damit nicht nur ihr Leben, sondern auch unser Leben positiv beeinflussen können. Im ersten Teil wird das Prinzip der „Freunde, die Freunden helfen" anhand zahlreicher Beispiele aus der persönlichen Erfahrung des Verfassers ausführlich erläutert. Der zweite Teil bietet eine ganze Reihe von heilenden Prinzipien und Übungen, die dem Leser zeigen, wie er sich mit anderen Menschen verbinden kann, um ihnen – und damit zugleich sich selbst und der Welt – zu helfen.

Die Verbindung mit dem Urgrund des Seins
Ein Zugang zur unerschöpflichen Kreativität des Universums
Arnold Mindell

Paperback, 288 Seiten, ISBN 978-3-86616-228-0

Dieses Buch ist die Antwort eines weltweit bedeutenden Naturwissenschaftlers und Psychologen auf Einsteins berühmten Wunsch: „Ich möchte die Gedanken von Gott kennen. Alles andere sind nur Details." Der Autor geht der Frage nach: „Worin besteht der Geist von Gott?" Diesen Geist, der für ihn der Ursprung aller Lebens- und Naturgesetze ist, nennt Dr. Mindell den „Prozessgeist". Dr. Mindell verbindet dabei die Erkenntnisse der modernen Physik (Quantenforschung) mit den grundlegenden Erfahrungen der transpersonalen Psychologie, dem Taoismus und der Mystik in den spirituellen Traditionen. In 20 inspirierenden Kapiteln stellt dieses Buch überprüfte und praktische Methoden und Übungen vor, wie jeder einzelne mit seinen Beziehungen und wie Organisationen die Verbindung mit dem Prozessgeist als Urgrund des Seins herstellen können. Es hilft, mit Träumen, Körpersymptomen und damit verbundenen Schmerzen, mit Beziehungen und Konflikten besser umzugehen und sich selbst zu erfahren.

Die Aktivierung des Weltinnenraums
Was Sie in sich selbst bewegen, bewegen Sie in der Welt
Mike Kaiser

Paperback, 576 Seiten, ISBN 978-3-86616-229-7

Der versierte Umgang mit dem eigenen Bewusstsein – dem Weltinnenraum - zählt zu den Schlüsselkompetenzen des 21. Jhs. Indem der Mensch seinen Weltinnenraum mit seinen physischen, mentalen, emotionalen, energetischen und seelischen Dimensionen erkundet und gestaltet, verleiht er wesentlichen Bereichen seines Lebens eine völlig neue Qualität und verändert auch erfolgreich die äußere Welt. Dieses Buch beschreibt Aufbau und Funktionsweise des Weltinnenraumes und gibt dem Leser praxiserprobte Techniken an die Hand. Es verbindet das Wissen alter Weisheitstraditionen mit den neuesten Erkenntnissen der Quantenphysik sowie der Gehirn-, Bewusstseinsund Meditationsforschung. Dieses umfangreiche Werk ist ein wertvoller Ratgeber für alle Menschen, die wiederkehrende Probleme lösen und den Grundstein für ganzheitliche Gesundheit und Glück legen wollen.

Wohlfühlhormon Serotonin – Botenstoff des Glücks
Der körpereigene Aufbau durch native Ernährung
Rolf Ehlers

Hardcover, 288 Seiten, ISBN 978-3-86616-208-2

Das unverzichtbare Schlüssel- und Wohlfühlhormon Serotonin ist der zentrale Botenstoff, der in uns Menschen eine mental-hormonelle Balance, Gesundheit und damit Lebensglück bewirkt. Rolf Ehlers stellt in diesem Buch das Aminas-Prinzip vor, das er entdeckt und entwickelt hat, und begründet umfassend und überzeugend, dass mit dem Verzehr nativer Kost auf leeren Magen Serotonin zuverlässig auf natürliche Weise im Gehirn aufgebaut und im gesamten Körper sowie auch seelisch wirksam wird. Fachleute haben seine Erkenntnisse zu Recht als bedeutendste Entdeckung auf dem Gebiet der gesunden Ernährung in den vergangenen Jahren bezeichnet.

Das Buch der Selbstheilung
Mit Imagination die inneren Potentiale stärken und entfalten
Heilsame Übungen für die Reise nach innen
Alexandra Kleeberg

Paperback, 352 Seiten, ISBN 978-3-86616-244-0

Die Autorin komponiert Selbstheilungstechniken aus verschiedenen Kulturen und Zeiten in einen für uns heutige Menschen entwickelten Kanon der Heilung: Wo die Energie den heilenden Vorstellungen, den inneren Bildern folgt, verwirklicht sich Gesundheit im Körper. Auf spielerisch leichten und tiefgründig weisen Pfaden werden die Leser/Innen durch das Kraftfeld der Imagination geführt. Sie können eintauchen in das Meer unendlicher Möglichkeiten und Heilung erlangen. Mit Exkursen in die Welt der Forschung und der Archetypen von C.G. Jung, mit einer begeisterten Beschreibung der wichtigsten gesundheitsfördernden Grundeinstellungen, mit bunten Imaginationen und vielen praktischen Übungen werden Verstand, Seele und Körper ganzheitlich aktiviert, damit sich Selbstheilung vollzieht. Schon beim Lesen kann Heilung beginnen.

Naturheilkunde
Heilmethoden und Therapievorschläge zur Selbstbehandlung für über 200 Krankheiten
Dr. Kirsten Eckhardt

Hardcover, 272 Seiten, ISBN 978-3-86616-233-4

Die Ärztin Dr. Eckhardt bietet allen interessierten Lesern ihre umfassende langjährige Erfahrung aus ihrer naturheilkundlich orientierten Praxis an und damit viele bezahlbare Möglichkeiten, Krankheiten mittels Naturheilverfahren selbst zu behandeln oder eine Therapie zu unterstützen. Hier werden die Grundlagen der wichtigsten naturheilkundlichen Methoden dargestellt, eine Übersicht der wichtigsten Homöopathika und Kräuter, die man in seiner Hausapotheke vorrätig haben sollte und wichtige Patienten-Fragen beantwortet: Wann setzt man welche homöopathische Potenz ein? Wie führt man die verschiedenen Wickel richtig durch? Wie verarbeitet man Kräuter zu Salben und Teemischungen? Dieses Handbuch enthält eine Vielzahl von therapievorschlägen für über 200 Erkrankungen und sollte in keinem Haushalt fehlen.

Wie Beziehungen wirklich gelingen
Neue Wege für Liebe und Partnerschaft
Jeff und Sue Allen

Hardcover, 256 Seiten, ISBN 978-3-86616-210-5

Beziehungen sollten eigentlich der Himmel auf Erden sein, aber genau das Gegenteil ist fast immer der Fall. Die Liebe zum Partner liegt unter dem Schmerz ständiger Auseinandersetzungen, gegenseitiger Schuldzuweisungen und tiefer Verletzungen vergraben. Jeff und Sue Allen zeigen in ihrem Buch nicht nur die verborgenen Triebkräfte auf, die in allen Beziehungen am Werk sind, sondern auch Wege, sie zu erkennen und zu verwandeln. Anhand ihrer eigenen authentischen Geschichte nehmen sie den Leser mit auf eine Reise durch die Stadien, Gefahren, Irrgärten und Fallen, die es in einer Beziehung zu überwinden gilt, um zu wahrer Liebe und echtem Glück zu gelangen.

Der Mensch ist mehr als sein Gehirn
Hirnforschung und Geistesfreiheit
Manfred Stöhr

Paperback, 256 Seiten, ISBN 978-3-86616-238-9

Endlich ein kritisches Wort eines kompetenten Wissenschaftlers zur modernen Gehirnforschung! Der Neurologe, Psychiater und Universitätslehrer Prof. Stöhr hat als Fachmann die Forschungsergebnisse vieler Gehirnforscher unserer Zeit und deren wissenschaftliche Aussagen mit den entsprechenden Folgen für den Menschen und sein ethisches Verhalten überprüft. Er kommt zu dem Ergebnis, dass die Gehirnforschung zwar Analyse stofflicher Vorgänge im Gehirn und dessen Funktionen in bestimmten Gehirnbereichen vornehmen kann. Aber Aussagen über die Natur des Menschen, über Erziehung, Recht und Moral seien wissenschaftlich nicht begründbar und überschritten die Kompetenz der Hirnforscher. Der Autor wendet sich besonders gegen die Auffassung eines damit verbundenen reduktionistischen Menschenbildes. Er macht deutlich, dass viele Aussagen einer Neuauflage des materialistischen Dogmas von der Alleinexistenz der Materie entspringen, das die ganzheitliche Wirklichkeit des Menschen nicht zu begreifen vermag.

Liebe(r) ungewöhnlich leben
In Beziehungen gemeinsam wachsen
Vorwort von Chuck Spezzano
Heiko Kölle

Paperback, 192 Seiten, ISBN 978-3-86616-212-9

Es ist notwendig, Beziehungen wirklich zu verstehen. Es liegt an jedem selbst, mehr über Beziehungen zu lernen und zu erkennen, dass sie einen Einfluss haben auf die Gesundheit und den Erfolg in unserem Leben, auf die Intimität und die persönliche Entwicklung. Dieses Buch des Psychologen Heiko Kölle vermittelt tiefgründige Kenntnisse, um die unterschiedlichen Phasen, die Höhen und Tiefen von Beziehungen zu verstehen. Es enthält jede wichtige Lektion, wie wir besser in Partnerschaft und Familie miteinander in Liebe jeder Beziehung leben können. Es ermutigt gegen alle Widerstände, eine tiefe Intimität und Nähe zu anderen zu erreichen uns sein Herz zu öffnen.

Jede Angst auflösen
Schnell, sicher und für immer
Peter Reiter

Hardcover, 160 Seiten, ISBN 978-3-86616-227-3

In 10 praktischen Schritten können Sie sich durch dieses Buch von all Ihren Ängsten und Sorgen befreien, allein durch die Kraft Ihres Geistes, ohne jede Vorübung und weitere Hilfsmittel. Der Bewusstseinsforscher und Therapeut Dr. Peter Reiter hat schon zahlreiche andere Verfahren entwickelt, Menschen von Leid zu erlösen und ihnen Glück und Erfüllung zu vermitteln. Hier stellt er eine sichere und leicht gangbare Methode vor, Ängste durch Bewusstseinsänderung dauerhaft aufzulösen und das in jeder Angst verborgene Geschenk zu entdecken und zu nutzen. Beispiele zahlreicher Menschen, die diese sensationelle Wirkung bereits erfahren haben und bestätigen, überzeugen.